Günther Schiwy

Rilke
und
die Religion

Insel Verlag

Satz und Druck: Memminger MedienCentrum AG
Printed in Germany
Erste Auflage 2006
ISBN 3-458-17331-5
ISBN 978-3-458-17331-1

1 2 3 4 5 6 – 11 10 09 08 07 06

Inhalt

Vorwort 9

1. Kinderfrömmigkeit und ihre Folgen

Die religiöse Scheinwelt der Mutter 13
Ein Marienkind auf der Suche nach seiner Identität 15
Der Vater und der liebe Gott 20
Menschlichkeit statt Heiligkeit 24
Häuser, Schlösser, Kathedralen 27
Das Urvertrauen des Kindes und des Künstlers 30
Keine Austreibung der Teufel und Engel 33

2. Traditionelle Gottesbeweise und moderne Gotteserfahrung

Schultrauma, Christusnachfolge und erste Gedichte 37
Gottesbeweise und Gottes Wehn 39
Natur- und Weltfrömmigkeit 42
Herr, sei nicht gut, sei herrlich 45
Jedes Wort ist eine Frage 47
Gott in den Dingen 50

3. Das Ringen um die Christusbilder

Christi Liebesgebot – zu früh? 53
Die Unwahrheit der Christusbilder 58
Die *Christus-Visionen*, erste Folge 61
Lou Andreas-Salomé und Friedrich Nietzsche 69
Die *Christus-Visionen*, zweite Folge 74
Daß ich hätte beten mögen zu Dir: Lou Andreas-Salomé . . . 79

4. Die Vollendung Gottes durch den Menschen

Gott wieder suchen 84
Wir bauen Bilder vor dir auf wie Wände 88
Was wirst du tun, Gott, wenn ich sterbe? 90
Wer ist im Stein? 91
Und manchmal kommt ein ernster Hergereister 94

5. Das Göttliche in den Menschen, Dingen, Bildern

Geschlecht, Schöpferkraft und Ehe 99
Das Bild der Engel 101
Das Ding zwischen Gott und Mensch 104
Die Oberfläche der Dinge 106
Ich erfand mir eine neue Zärtlichkeit 110
Gott ist nur eine Richtung der Liebe 112

6. Die Weltreligionen und das Christentum

Ein Gestirn und ein Gott: Ägypten 116
Eine Stadt Himmels und der Erden: Toledo 118
Gott von Mohammed her gefühlt 120
Von einer beinah rabiaten Antichristlichkeit 122
Maßstab Altes Testament 123

7. Die Liebe und der phallische Gott

Ich will einsam sein: Magda von Hattingberg 127
Plädoyer für eine phallische Gottheit 129
In den Armen seiner Priesterin: Baladine Klossowska 134

Inhalt

8. Gottes Gebrauchsanweisung

Er ist dieser neue Baum in Gott 140
Laßt uns endlich dieses Erlöstsein antreten 141
Nicht ist die Liebe gelernt 144

9. Gottes Namenlosigkeit

Welche Stille um einen Gott 150
Spielt mit Spiegeln der Gott: Erika Mitterer 153
Leben und Tod: sie sind im Kerne Eins 156
Du hast mir die Hände wieder gefaltet: Marina Zwetajewa . . 161

Statt eines Nachworts 167

Anmerkungen 169
Literaturverzeichnis 173

Es wechseln immer wieder drei Generationen. Eine findet den Gott, die zweite wölbt den engen Tempel über ihn und fesselt ihn so, und die dritte verarmt und holt Stein um Stein aus dem Gottesbau, um damit notdürftig kärgliche Hütten zu bauen. Und dann kommt eine, die den Gott wieder suchen muß.[1]

Vorwort

Die religiöse Frage, die Frage nach einem höchsten Wesen, nach Gott, verstummt nicht, auch nicht zu Beginn des dritten Jahrtausends. Sie wird sogar in dem Maße dringender und lauter, in dem die gegenwärtigen Krisen der Menschheit im Zeitalter der Globalisierung zunehmen. Weltweit verändern sich die wirtschaftlichen, politischen und kulturellen Bedingungen des menschlichen Zusammenlebens, und keine menschliche Autorität scheint imstande zu sein, dem drohenden Chaos zu wehren.

Die Frage nach zukunftsträchtigen Gottesbildern drängt sich auch deswegen auf, weil zumindest in Zentraleuropa die religiösen Traditionen, die Kirchen und Religionen, an Strahlkraft und Einfluß verlieren, wogegen im Osten und Süden der Welt sowie in Amerika immer mehr Menschen im Namen ihrer Religionen zu »Kreuzzügen« und terroristischen Anschlägen aufrufen, um die jeweils Ungläubigen zu bekehren oder zu bekämpfen.

In dieser Situation sind der Gott Rilkes und Rilkes Religion von überraschender Aktualität. Wo immer man ihnen in einem seiner Werke, einem Gedicht, einer Erzählung oder einem Drama, einem Brief oder einer Prosaschrift, begegnet, kann man sich des Eindrucks nicht erwehren, es mit einem zukunftsträchtigen Gottesbild und einer zukunftsfähigen Religion zu tun zu haben und bei Rilke, ihrem Schöpfer, mit einer tiefreligiösen Persönlichkeit. Tatsächlich ist die Frage nach Gott und einem ihm gemäßen Leben das zentrale Thema in Rilkes Werk.

Um so mehr verwundert es, daß es bisher kaum größere Arbeiten gibt, die sich ausdrücklich mit Rilkes Gottsuche und seiner Religion befassen und nach dem Verhältnis seiner Religiosität zu den konkreten Religionen, speziell dem Christentum, fragen. Dabei scheint Rilkes Verhältnis zum Christentum durchaus ambivalent zu sein. So soll »Rilke seine Botschaft von der Herrlichkeit des Lebens nicht nur gegen, sondern auch in enger Anlehnung an die christliche Weltdeutung formuliert« haben.[2]

Noch weniger als das Christentum hat der moderne Säkularismus die Herausforderung angenommen, wie sie in einer Übersetzung von

Rilkes Gottes- und Religionsbegriff in eine säkulare Überlebensethik läge – in dem Sinne, in dem Jürgen Habermas einen Beitrag der Religionen zur gegenwärtigen Überlebenskrise fordert.[3] Zum Beispiel drängt sich angesichts der aktuellen Weltlage die Frage auf, ob nicht Rilkes grundsätzliche Bejahung der Welt, wozu er sich durchgerungen hat, eine mögliche Antwort sein könnte auf das heute immer dringlicher werdende Problem, wie sich Menschenwürde und Menschenrechte sowie der Schutz und die Entfaltung der natürlichen Grundlagen des Lebens begründen und der Einsatz für sie motivieren lassen: vermutlich nicht ohne die Anerkennung einer höheren, allgemeinverbindlichen Instanz.

Sein Leben lang war Rilke zwischen den etablierten Religionen und Kulturen auf der Suche nach Überlebenswahrheiten für sich und die Menschheit, nach »Gott«, und er versuchte, das Rettende und Unsagbare in seine Dichtungen zu übersetzen. »Es giebt so wunderbare Griffe nach Gott«, heißt es in einem Brief Rilkes an Nanny Wunderly-Volkart, »und wenn ich der Menschheit zusehe, so mein ich, es handle sich nur darum ihr unzählige Möglichkeiten bereitzuhalten, Ihn zu erfassen oder durch Ihn überrascht zu sein.«[4]

Dieses Buch ist der Versuch, einige dieser Möglichkeiten Rilkes aufzuzeigen, und das weitgehend in seinen eigenen Worten. Denn gerade bei diesem Thema kann keine Umschreibung und Beschreibung den Originalton ersetzen, der bei Rilke nicht selten von einer mystischen Tiefe ist, die an die besten Traditionen der Weltreligionen anknüpft. Dabei bot es sich an, ohne daß eine erschöpfende spirituelle Biographie beabsichtigt wäre, mehr oder weniger lebensgeschichtlich vorzugehen. Hat sich Rilkes Gott ihm doch im Laufe eines lebenslangen Ringens fortschreitend und immer wieder neu offenbart, wie er bereits 1899, erst vierundzwanzigjährig, bekannte:

Ich lebe mein Leben in wachsenden Ringen,
die sich über die Dinge ziehn.
Ich werde den letzten vielleicht nicht vollbringen,
aber versuchen will ich ihn.

Ich kreise um Gott, um den uralten Turm,
und ich kreise jahrtausendelang;
und ich weiß noch nicht: bin ich ein Falke, ein Sturm
oder ein großer Gesang.[5]

1. Kinderfrömmigkeit und ihre Folgen

Und manchmal war bei einem Kinde
ein großes Stück von deinem Sinn.[1]

Am 4. September 1908 schrieb der dreiunddreißigjährige Rilke aus Paris an seine Frau Clara, von der er meist getrennt lebte und die vorübergehend auch in Paris als Bildhauerin arbeitete: »Das Göttliche: ich bin dort gewesen, immer schon, schon als Kind, und komme gehend davon her.«[2] Man möchte aufgrund dieses Bekenntnisses meinen, Rilke habe eine glückliche Kindheit erlebt, er habe sich wie im Paradies geliebt und geborgen gefühlt und darin Göttliches erfahren. Das ist jedoch nicht der Fall. Wie bei den meisten Menschen war auch bei Rilke der Blick auf die Kindheit eher zwiespältig. So sind die Zeugnisse aus seiner Kindheit nicht eindeutig positiv oder negativ. Das betrifft auch Rilkes Erinnerungen. Sie fallen je nach Lebensalter und Anlaß unterschiedlich aus. So wenig eindeutig wie seine Kindheit erfuhr er auch das »Göttliche« in ihr.

Die religiöse Scheinwelt der Mutter

Am folgenschwersten für Rilkes religiöse Entwicklung war die Welt, in die sich Rilkes Mutter Phia (Sophie), die aus einer begüterten Prager Familie stammte, immer mehr flüchtete. Nachdem die Mitgift verbraucht, die Offizierskarriere ihres Mannes gescheitert, das erste Kind, eine Tochter, früh gestorben, das zweite Kind, René, »nur« ein Junge war und ihre Ehe bald darauf zerbrach, versuchte die Mutter, das Leben einer großen, frommen Dame weiterzuführen.

Bezeichnenderweise urteilte Rilke über seine Mutter am schärfsten gegenüber seiner großen Liebe, Lou Andreas-Salomé, die, vierzehn Jahre älter als er, später bei ihm immer mehr auch die Mutterrolle übernahm. Von Lou fühlte sich der zweiundzwanzigjährige Rilke 1897 zum erstenmal verstanden und akzeptiert. Am 15. April 1904 schrieb er ihr aus Rom über seine Mutter, die ihn dort besuchte, ihm graue »vor ihrer zerstreuten Frömmigkeit, vor ihrem eigensinnigen

Glauben, vor allem diesen Verzerrten und Entstellten, daran sie sich gehängt hat, selber leer wie ein Kleid, gespenstisch und schrecklich. Und daß ich doch ihr Kind bin; daß in dieser zu nichts gehörenden, verwaschenen Wand irgend eine kaum erkennbare Tapetenthür mein Eingang in die Welt war – (wenn anders solcher Eingang überhaupt in die Welt führen kann...)!«[3]

Carl Sieber, Rilkes Schwiegersohn, charakterisierte 1932 die religiöse Scheinwelt der Mutter Rilkes – sie war im Jahr vorher gestorben – als die »Aufsichnahme eines eingebildeten Leidens und daraus sich ergebend das Hilfesuchen bei Gott oder besser bei der Kirche, die die katholische war. (Auch das pflegen enttäuschte Damen von Welt zu tun.) [...] Es ist falsch, die Religiosität Phia Rilkes als Quelle für ihre Lebenskraft zu bezeichnen. Devotion kann keine Kraft geben, und es gibt Tagebücher von ihr, die auch nicht die Spur eines warmen Gottvertrauens, geschweige denn eines Hilfeholens aus göttlichen Quellen erkennen lassen. Seite für Seite wiederholen sich die Schilderungen von immer neuen Kirchen, die sie aufsuchte wie Museen, und deren Gnadenmittel sie genoß wie Bilder.«[4]

Rilke selbst beklagt, zweiundzwanzigjährig, in seiner frühen Gedichtsammlung *Advent* von 1897 die seelische Leere der Scheinfrommen im Umkreis des traditionellen kirchlichen Lebens und bekennt sich statt dessen zu einer seelenvollen, aus Naturerfahrung gewonnenen Weltfrömmigkeit.

Nennt ihr das Seele, was so zage zirpt
in euch? Was, wie der Klang der Narrenschellen,
um Beifall bettelt und um Würde wirbt,
und endlich arm ein armes Sterben stirbt
im Weihrauchabend gotischer Kapellen, –
nennt ihr das Seele?

Schau ich die blaue Nacht, vom Mai verschneit,
in der die Welten weite Wege reisen,
mir ist: ich trage ein Stück Ewigkeit
in meiner Brust. Das rüttelt und das schreit
und will hinauf und will mit ihnen kreisen...
Und das ist Seele.[5]

Wenn Rilke sein Leben lang Distanz hielt zu einer kirchlichen Frömmigkeit, von der er argwöhnte, sie sei häufig nur Schall und Rauch, eine Flucht aus der Wirklichkeit und ergreife die Seele nicht wirklich, dann war das auch eine Reaktion auf die Frömmigkeit seiner Mutter, wie er sie als Kind erlebt hatte.

So verbat sich Rilke am 29. Oktober 1925, ein gutes Jahr vor seinem Tode, in einem Brief an Nanny Wunderly-Volkart, die ihm in seinen Schweizer Jahren als Mäzenin und mütterliche Freundin zur Seite gestanden war, für den Fall, daß eine Krankheit ihm am Ende auch den Geist verstöre, jeden priesterlichen Beistand. »Schlimm genug, daß ich, in den körperlichen Nöten meiner Natur, den Vermittler und Verhandler, im Arzte, zulassen mußte; der Bewegung meiner Seele, aufs Offene zu, wäre jeder geistliche Zwischenhändler kränkend und zuwider.«[6]

Anders seine Mutter, die den Sohn um fünf Jahre überlebte. Aus dem Kurhaus in Traunstein schreibt sie am 22. Februar 1931 an die Schriftstellerin Hertha Koenig, auf deren Gut Böckel in Westfalen und in deren Stadtwohnung in München Rilke zeitweise zu Gast gewesen war: »Du weißt, wie froh ich bin, die Kapelle im Hause zu haben, aber, ach leider, der Priester sehr krank, es wird keine hl. Messe zelebriert. Mein Leidens- und Lebensmut muß im Liebeskuß meines Heilandes wieder tief gefestigt werden. Die vielen Ölbergstunden sind zu fühlbar. Der Geist mutig, doch der Körper widerstandskraftlos, vom eisigen Schatten erdrückt. Ein Leben ohne Sonne. Tieftrauriger Lebensabend... Ich bin bei meinem tiefgeliebten René... Tag und Nacht die Wunde unheilbar,... tränenschwer. Bete zum Allerbarmer um Ergebung.«[7]

Ein Marienkind auf der Suche nach seiner Identität

Zu der Wirklichkeit, die zu akzeptieren sich Rilkes Mutter weigerte, gehörte auch das Geschlecht Renés, ihres Zweitgeborenen. So war Renés zweiter Taufname Maria für seine Mutter von besonderer Bedeutung. Erzog sie den Jungen doch bis zum fünften Lebensjahr als Ersatz für seine verstorbene Schwester wie ein Mädchen. »Er trug Mädchenkleider, lange Locken und spielte mit Puppen und Puppenstube.«[8]

Rilke erzählte Hertha Koenig, bei seiner Aufnahme in die Kadettenanstalt habe er mit Rüschen verzierte Wäsche mitgebracht, was ihn dem Hohn seiner Vorgesetzten und Kameraden preisgegeben habe. »Das kleine Medaillon, das er an dünner Kette um den Hals trug, sei ihm hämisch vom Unteroffizier heruntergerissen worden, er spüre den Schnitt noch beim Erzählen.«[9]

Die Vorliebe der Mutter für die weibliche Seite ihres Sohnes ist noch spürbar, als er sie vier Jahre vor seinem Tode bat, ihm doch ihre Erinnerung an seinen »Eingang in die Welt« mitzuteilen. Sie schrieb ihm nach Muzot, seinem letzten Wohnsitz im oberen Rhonetal, unter dem 17. Dezember 1922: »Es war ein Festtag heller Erinnerungen, – eingeleitet am 3. Dez. [1875], der Schnee lag riesig hoch, doch wir wagten uns um fünf Uhr aus, besuchten Großmama [mütterlicherseits, Caroline Entz] (die gute, hilfsbereite), denn am vierten war ihr Namensfest, und dann ging der gute Papa auf meinen Vorschlag freudig ein, wir besorgten bei Rummel ein kl. goldenes Kreuz für unser Kind, das wir doch erst im Feber [Februar] erwartet, aber es war uns Freude, das Kleinod als erste Gabe daheim zu haben. Gegen acht Uhr wurde mir plötzlich so unwohl, daß wir die unentbehrliche Madame um ihren Abendbesuch baten, – sie kam – und ließ sich häuslich nieder, – prophezeite sofort, ein Siebenmonatkind hat es eilig in die Welt zu kommen... um Mitternacht, – die gleiche Stunde, wo unser Heiland geboren wurde, – und da es zum Samstag ging [der nach katholischer Tradition Maria gewidmet ist], – wurdest Du sofort ein Marienkind! – der gnadenreichen Madonna geweiht. – Papa und ich segneten, küßten Dich, – unser helles Glück flüchtete im Dankgebet zu Jesus und Maria. Klein und zart war unser süßer Bubi, – aber prächtig entwickelt – und als er vormittags im Bettchen lag, bekam er das kl. Kreuzchen, – so wurde ›Jesus‹ sein erstes Geschenk. – Dann kamen leider viele große und kleine Sorgen, – aber wenn ich an Deiner Wiege kniete, – jubelte mein Herz, der reizende Bubi – war unser höchstes Glück!«[10]

Der kleine René soll die Mädchenrolle perfekt gespielt haben. Die Haare in Zöpfen geflochten, sei er einmal als »Ismene« vor seiner Mutter erschienen und habe sie wegen einer Unart zu versöhnen gesucht mit den Worten: »Die Ismene bleibt bei der lieben Mama, der René ist ein Nichtsnutz, ich habe ihn fortgeschickt. Die Mädchen sind doch viel herziger.«[11] Kein Wunder, daß sich Rilke früh mit der Rolle von Mädchen und Frauen auseinandersetzte. Bereits in der 1897/98 entstandenen Gedichtsammlung des dreiundzwanzigjährigen Rilke *Mir zur Feier* heißen Zyklen »Mädchen-Gestalten«, »Lieder der Mädchen« und »Gebete der Mädchen zu Maria«.

In »Mädchen-Gestalten« beschwört Rilke in der Gestalt eines Mädchens seine eigene Berufung zum Sänger, zum Dichter. Er erfuhr diese Berufung als etwas Absolutes, wodurch er sich dem Einfluß der Mutter entziehen konnte, ohne seinem eigenen Zug zum Weiblichen, dessen er sich immer mehr bewußt wurde, abschwören zu müssen.

Ich war ein Kind und träumte viel
und hatte noch nicht Mai;
da trug ein Mann sein Saitenspiel
an unserm Hof vorbei.
Da hab ich bange aufgeschaut:
»O Mutter, laß mich frei...«
Bei seiner Laute erstem Laut
brach etwas mir entzwei.

Ich wußte, eh sein Sang begann:
Es wird mein Leben sein.
Sing nicht, sing nicht, du fremder Mann:
Es wird mein Leben sein.
Du singst mein Glück und meine Müh,
mein Lied singst du und dann:
Mein Schicksal singst du viel zu früh,
so daß ich, wie ich blüh und blüh, –
es nie mehr leben kann.[12]

»Es ist so natürlich für mich«, schrieb Rilke sechs Jahre später, am 20. November 1904, an die neunzehnjährige Emmy Hirschberg nach Florenz, »*Mädchen und Frauen zu verstehen*; das tiefste Erleben des Schaffenden ist weiblich –: denn es ist empfangendes und gebärendes Erleben.«[13]

In »Lieder der Mädchen« sind sie es, die vor allen anderen sensibel sind für die Frage nach Gott und nach der eigenen Identität. Rilke wußte sich ihnen in tiefster Seele verwandt.

Fragt jemand, wer ich sei?
... Gott, ich bin jung, und
ich bin blond
und habe ein Gebet gekonnt,
und geh gewiß umsonst umsonnt
und fremd an mir vorbei...
[...]
Die Mütter sagen uns nicht, wo wir sind,
und lassen uns ganz allein, –
wo die Ängste enden und Gott beginnt
mögen wir vielleicht sein...[14]

Im Motto zu den »Gebeten der Mädchen zu Maria« ist diese der Inbegriff weiblicher, göttlicher Fruchtbarkeit, für den werdenden Dichter Rilke Symbol seiner Berufung:

Mach, daß etwas uns geschieht!
Sieh, wie wir nach Leben beben.
Und wir wollen uns erheben
wie ein Glanz und wie ein Lied.[15]

Dieses Gebet ging an Rilke als Dichter in Erfüllung. Im Mai 1913 erschien in Leipzig als Nr. 43 der Insel-Bücherei sein *Marien-Leben*: eine Sammlung von dreizehn Gedichten, die zu seinen Lebzeiten eine Auflage von 70000 Exemplaren erreichte.[16] In ihr feiert er das Geheimnis der Menschwerdung Gottes als Erfüllung dessen, »was Millionen schauten, trieben, trugen, hineingedrängt in sie«, verdichtet in der Begegnung Marias mit dem »Engel«, einer weiteren Schlüsselfigur in Rilkes entstehendem religiösem Kosmos.

MARIAE VERKÜNDIGUNG

Nicht daß ein Engel eintrat (das erkenn),
erschreckte sie. Sowenig andre, wenn

ein Sonnenstrahl oder der Mond bei Nacht
in ihrem Zimmer sich zu schaffen macht,
auffahren –, pflegte sie an der Gestalt,
in der ein Engel ging, sich zu entrüsten;
sie ahnte kaum, daß dieser Aufenthalt
mühsam für Engel ist. (O wenn wir wüßten,
wie rein sie war. Hat eine Hirschkuh nicht,
die, liegend, einmal sie im Wald eräugte,
sich so in sie versehn, daß sich in ihr,
ganz ohne Paarigen, das Einhorn zeugte,
das Tier aus Licht, das reine Tier –.)
Nicht, daß er eintrat, aber daß er dicht,
der Engel, eines Jünglings Angesicht
so zu ihr neigte; daß sein Blick und der,
mit dem sie aufsah, so zusammenschlugen
als wäre draußen plötzlich alles leer
und, was Millionen schauten, trieben, trugen,
hineingedrängt in sie: nur sie und er;
Schaun und Geschautes, Aug und Augenweide
sonst nirgends als an dieser Stelle –: sieh,
dieses erschreckt, und sie erschraken beide.

Dann sang der Engel seine Melodie.[17]

Hertha Koenig, die 1930, vier Jahre nach Rilkes Tod, sich um seine Mutter in München kümmerte, berichtet, ihre Haushälterin habe, als sie eines Sonntags aus der Kirche kam, der Mutter Rilkes die größte Freude gemacht durch die Mitteilung: »Der Herr Pfarrer hat heute in der Predigt gesagt: ›Eines der schönsten Worte, die uns Rainer Maria Rilke hinterlassen hat, ist: Gott . . . und meine Seele ist ein Weib vor Dir.«[18] Das Zitat, in dem sich Rilke positiv zu dem weiblichen Teil seiner Seele bekennt, stammt aus dem zweiten Teil des *Stunden-Buchs*, dem »Buch von der Pilgerschaft«, und erinnert an die alttestamentliche Erzählung über die Witwe Ruth, die Schwiegertochter (lutherisch »Schnur«) der Noomi, in Bethlehem. Der vordergründige Sinn der Geschichte ist: Ruth gewinnt dadurch, daß sie wie eine Magd Dienst tut, den reichen Boas als Mann. Für Rilke verweist die

Geschichte auf die Heilige Hochzeit, die Gott dem Menschen bereitet, wenn dieser wie Ruth ihm dient und sich für die Liebe bereitet. Das Gedicht ist 1901 entstanden, im selben Jahr wurde Rilkes Tochter Ruth geboren.

Und meine Seele ist ein Weib vor dir.
Und ist wie der Naëmi Schnur, wie Ruth.
Sie geht bei Tag um deiner Garben Hauf
wie eine Magd, die tiefe Dienste tut.
Aber am Abend steigt sie in die Flut
und badet sich und kleidet sich sehr gut
und kommt zu dir, wenn alles um dich ruht,
und kommt und deckt zu deinen Füßen auf.

Und fragst du sie um Mitternacht, sie sagt
mit tiefer Einfalt: Ich bin Ruth, die Magd.
Spann deine Flügel über deine Magd.
Du bist der Erbe...

Und meine Seele schläft dann bis es tagt
bei deinen Füßen, warm von deinem Blut.
Und ist ein Weib vor dir. Und ist wie Ruth.[19]

Der Vater und der liebe Gott

War Rilkes Frömmigkeit durch den Einfluß seiner bigotten Mutter von Kindheit an weiblich getönt, so daß er lange um seine Identität zu ringen hatte und sich später als Ehemann und Vater schwer tat, so war es die einerseits beglückende, andererseits aber auch beengende und vereinnahmende Liebe seines Vaters Josef Rilke, die den jungen Rilke am »lieben Gott« des Christentums und am gängigen Begriff der zwischenmenschlichen Liebe zweifeln ließ.

Die Eltern hatten 1873 geheiratet und lebten seit 1884 getrennt, wobei die Mutter den am 4. Dezember 1875 geborenen René allein erzog. Als der Vater, nach aufgegebener Militärlaufbahn Beamter einer Prager Eisenbahngesellschaft, am 14. März 1906 starb, reiste

Rilke von Worpswede, von wo aus er unterwegs war zu Vorträgen in Berlin, Hamburg und Bremen, zur Beerdigung nach Prag.

Am 20. März schreibt er an seine Mutter, die in Arco am Gardasee weilte und zum Begräbnis nicht gekommen war, eine Eloge auf den Vater, »im Gedächtnis desjenigen, der für mich die Güte selbst, die treueste Hilfe, der rührendste Freund war, von Jahr zu Jahr immer mehr sich mir nähernd in hingebender Herzlichkeit, – und der auch Dir vor einer Reihe von Jahren ein Freund gewesen ist, ein herber Freund, der später in dem Drängen der Verhältnisse sich Dir entfernte, ein Bringer von tausend Schmerzen und Verzweiflungen: aber nicht dieses alles vermeiden oder nicht haben hieße ja leben, sondern alles das überstehen.«[20]

Vor allem das gemeinsam mit den Eltern gefeierte Weihnachtsfest erfüllte den kleinen René mit tiefer Daseinsfreude, die ihn für sein Leben prägte. 1923, drei Jahre vor seinem Tode, beschreibt er in einem versöhnlichen Weihnachtsbrief an die Mutter, wie er mit ihr zusammen am Betschemel kniete, wie dann der geliebte Vater »auf so festliche, ankündigende Art« die Glocken läutete und sich dann endlich die Türen öffneten. Nicht die Geschenke sind Rilke in der Erinnerung haften geblieben, sondern das Gefühl der Vorfreude. »Vielleicht bin ich deshalb, meine liebe Mama, ein solcher Rühmer der Freude geworden, weil Ihr mich zu so großer Vorfreude erzogen habt.«[21] »Rühmen, das ists! Ein zum Rühmen Bestellter«, dichtet Rilke über sich selbst 1922 in den *Sonetten an Orpheus*.[22]

So sehr Rilke in dieser späteren Korrespondenz seinen Vater idealisierte, so kritisch hat er sich in der frühen, vermutlich 1898 geschriebenen und zu seinen Lebzeiten nicht veröffentlichten Erzählung *Ewald Tragy* mit ihm auseinandergesetzt: mit seinem Unverständnis gegenüber dem Dichterberuf des Sohnes und mit seiner erpresserischen Güte. »Ja, und dann mein Vater. Er ist ein trefflicher Mensch. Ich hab ihn lieb. Er ist so vornehm und hat ein goldechtes Herz. Aber die Leute fragen ihn: ›Was ist Ihr Sohn?‹ Und da schämt er sich und wird verlegen. Was soll man sagen? *Nur* Dichter? Das ist einfach lächerlich. Selbst wenn es möglich wäre – das ist ja kein Stand. Er trägt nichts, man gehört in keine Rangsklasse, hat keine Pensionsberechtigung, kurz: man steht in keinem Zusammenhang mit dem Leben. Deshalb darf man das nicht unterstützen und zu nichts ›Gut‹ und

›Amen‹ sagen. Begreifen Sie jetzt, daß ich meinem Vater nie etwas zeige [...]. Sehen Sie, so hält er mich. So leise, nicht mit Gewalt oder Einfluß, fast nur mit einer Erinnerung, als ob er sagte: ›Du warst einmal klein, und ich habe dir einen Christbaum angezündet jedes Jahr – bedenke –‹ Er macht mich ganz schwach damit. Aus seiner Güte ist kein Ausgang, und hinter seinem Zorn ist ein Abgrund.«[23]

Diese Erfahrungen Rilkes mit der Liebe seines Vaters spiegeln sich dann in seiner Auseinandersetzung mit dem »lieben Gott« des Christentums, den er ablehnt und durch ein neues Gottesbild und eine neue Liebe ersetzen möchte. Dabei kommt es zu einem Rollentausch: Der Künstler wird zum Schöpfer, das neue Gottesbild ist sein Werk, sein »Sohn«, wobei sich Rilke des Einverständnisses seines Gottes sicher ist, zu dem er als Pilger unterwegs ist. Die folgenden Verse aus dem Jahre 1901 finden sich im zweiten Teil des *Stunden-Buchs*, der den Titel »Von der Pilgerschaft« trägt.

> Dir ist mein Beten keine Blasphemie:
> als schlüge ich in alten Büchern nach,
> daß ich dir sehr verwandt bin – tausendfach.
>
> Ich will dir Liebe geben. Die und die....
>
> Liebt man denn einen Vater? Geht man nicht,
> wie du von mir gingst, Härte im Gesicht,
> von seinen hülflos leeren Händen fort?
> Legt man nicht leise sein verwelktes Wort
> in alte Bücher, die man selten liest?
> Fließt man nicht wie von einer Wasserscheide
> von seinem Herzen ab zu Lust und Leide?
> Ist uns der Vater denn nicht das, was *war;*
> vergangne Jahre, welche fremd gedacht,
> veraltete Gebärde, tote Tracht,
> verblühte Hände und verblichnes Haar?
> Und war er selbst für seine Zeit ein Held,
> er ist das Blatt, das, wenn wir wachsen, fällt.

Und seine Sorgfalt ist uns wie ein Alb,
und seine Stimme ist uns wie ein Stein, –
wir möchten seiner Rede hörig sein,
aber wir hören seine Worte halb.
Das große Drama zwischen ihm und uns
lärmt viel zu laut, einander zu verstehn,
wir sehen nur die Formen seines Munds,
aus denen Silben fallen, die vergehn.
So sind wir noch viel ferner ihm als fern,
wenn auch die Liebe uns noch weit verwebt,
erst wenn er sterben muß auf diesem Stern,
sehn wir, daß er auf diesem Stern gelebt.

Das ist der Vater uns. Und ich – ich soll
dich Vater nennen?
Das hieße tausendmal mich von dir trennen.
Du bist mein Sohn. Ich werde dich erkennen,
wie man sein einzigliebes Kind erkennt, auch dann,
wenn es ein Mann geworden ist, ein alter Mann.[24]

Später, 1910 in den *Aufzeichnungen des Malte Laurids Brigge*, wird Rilke jene Liebe, die des Menschen Freiheit und Kreativität einengt, die »transitive«, die den Geliebten vereinnahmende Liebe nennen – im Gegensatz zur »intransitiven Liebe«, die den Liebenden freigibt und von der Rilke meint, daß sie die Liebe Gottes sei.

1921 heißt es dementsprechend in *Das Testament*: »Genau wie in meiner Kindheit vor der gewaltsamen Liebe meines Vaters, so knie ich auch jetzt in der Welt und bitte die, die mich lieben, um Schonung. Ja, daß sie mich schonen! Daß sie mich nicht verbrauchen für ihr Glück, sondern mir beistehen, jenes tiefste einsame Glück in mir zu entfalten, ohne dessen Große Beweise sie mich doch am Ende nicht würden geliebt haben.«[25]

Das Zusammenleben Rilkes mit seiner Frau Clara und seiner Tochter Ruth spiegelt deutlich diese Problematik der Liebe: Sie lebten die meiste Zeit getrennt. Gegenüber seinem Schwiegersohn Carl Sieber versuchte Rilke am 10. November 1921 dafür eine Erklärung: »Wenn Du mich nennst, wie Ruth mich von Klein auf genannt hat, –

Väterchen – so verpflichtet mich das, wie es mich ihr gegenüber in einem tiefsten Sinne ergreifend verpflichtet hat: nicht nur, als ob mein Kind mich anrede, sondern ein mir auf große und geheimnisvolle Art verbundener, mich in seinem Vertrauen erhebender Mensch. In solcher Auffassung allein konnte sich ausgleichen, was man mir sonst als ein Versäumnis anrechnen müßte: daß ich sie das eigentlich Familiale, die konstante Gemeinsamkeit und Gemeinschaft habe entbehren lassen. Sie empfand von Klein auf, daß dies nicht aus Lieblosigkeit, aus Willkür, aus Leichtsinn geschah, sondern weil die ausschließliche Berufung zu den *inneren* Verwirklichungen meines Lebens so groß war, daß die Arbeit an den *äußeren*, nach einem kurzen Versuch, aufgegeben werden mußte. Man darf mir vorwerfen, daß meine Kraft und meine Auffassung *beides* zu leisten nicht ausreichte; ich habe solchem Tadel nichts entgegenzusetzen, als den stillen Hinweis auf jene Gebiete, in die ich alle meine Fähigkeiten geworfen haben, um abzuwarten, ob man mich am Ende anklage oder freispreche.«[26]

Menschlichkeit statt Heiligkeit

Was den kleinen Rilke im tiefsten verletzte und ihn für die Dauer seines Lebens gegen ein jenseitiges, das Diesseits hintansetzendes Christentum einnahm, war der Eindruck, seine Mutter sei fromm gewesen auf seine Kosten, habe die Heiligen ihm vorgezogen, was er 1897/98 in der Gedichtsammlung *Mir zur Feier* bitter beklagt:

Arme Heilige aus Holz
kam meine Mutter beschenken;
und sie staunten stumm und stolz
hinter den harten Bänken.

Haben ihrem heißen Mühn
sicher den Dank vergessen,
kannten nur das Kerzenglühn
ihrer kalten Messen.

Aber meine Mutter kam
ihnen Blumen geben.
Meine Mutter die Blumen nahm
alle aus meinem Leben.[27]

Vehement plädierte Rilke deshalb bereits als junger Dichter dafür, das Himmlische im Irdischen zu suchen und das Hiesige nicht mit Berufung auf das Göttliche zu entwerten.

In der Erzählung »Alle in Einer« seiner Prosasammlung *Am Leben hin* von 1897/98 schildert Rilke die Tragik des gelähmten Holzschnitzers Werner. Für diesen wäre es in Erinnerung an seine Mutter Blasphemie, den Madonnen, die er schnitzt, das Antlitz seiner Braut Anne-Marie zu geben. Doch diese selbst und ihre zehnjährige Schwester haben damit keine Schwierigkeiten. Sie erwarten von seiner Kunst »überhaupt keine Heilige«, sondern einen »Menschen«. Schließlich ist es der teuflische »Feind«, wie Werner in seiner Verblendung meint, der »mitschnitzte« und »mit zuckenden Griffen an den überfeinen, leidenden Linien [riß] und machte, daß sie etwas Festes, Irdisches bekamen: etwas von Anne-Marie. Werner fror vor Entsetzen. Er fühlte, daß es jetzt den letzten Kampf galt.«[28]

In einem weiteren Beispiel für die religiös begründete Hintansetzung des Menschen geißelt der junge Rilke in dem Gedicht »Der Dom« aus der Sammlung *Larenopfer* von 1893/95 die Diskrepanz zwischen den reich ausgestatteten Gotteshäusern, hier dem Veitsdom in Prag, und dem »Prosim« (tschechisch »bitte!«) flehenden Bettlerkind.

IM DOME

Wie von Steinen rings, von Erzen
weit der Wände Wölbung funkelt,
eine Heilge, braungedunkelt,
dämmert hinter trüben Kerzen.

Von der Decke, rundgemauert,
schwebt ob eines Engels Kopfe
hell ein weißer Silbertropfe,
drin ein ewig Lichtlein kauert.

Und im Eck, wo Goldgeglaste
niederhangt in staubgen Klumpen,
steht in Schmutz gehüllt und Lumpen
still ein Kind der Bettlerkaste.

Von dem ganzen Glanze floß ihm
in die Brust kein Fünkchen Segen...
Zitternd, matt, streckts mir entgegen
seine Hand mit leisem: »Prosim!«[29]

So, wie in den *Aufzeichnungen des Malte Laurids Brigge* das traditionelle Gottesbild der Eltern zerbricht und Malte ganz von vorn anfangen muß, mag es im Rückblick auch Rilke ergangen sein.

»Was übrigens meinen Vater betraf«, erinnert sich Malte, »so war seine Haltung Gott gegenüber vollkommen korrekt und von tadelloser Höflichkeit. In der Kirche schien es mir manchmal, als wäre er geradezu Jägermeister bei Gott, wenn er dastand und abwartete und sich verneigte. Maman dagegen erschien es fast verletzend, daß jemand zu Gott in einem höflichen Verhältnis stehen konnte. Wäre sie [wie Rilkes Mutter] in eine Religion mit deutlichen und ausführlichen Gebräuchen geraten, es wäre eine Seligkeit für sie gewesen, stundenlang zu knien und sich hinzuwerfen und sich recht mit dem großen Kreuz zu gebärden vor der Brust und um die Schultern herum. Sie lehrte mich nicht eigentlich beten, aber es war ihr eine Beruhigung, daß ich gerne kniete und die Hände bald gekrümmt und bald aufrecht faltete, wie es mir gerade ausdrucksvoller schien. Ziemlich in Ruhe gelassen, machte ich frühzeitig eine Reihe von Entwickelungen durch, die ich erst viel später in einer Zeit der Verzweiflung auf Gott bezog, und zwar mit solcher Heftigkeit, daß er sich bildete und zersprang, fast in demselben Augenblick. Es ist klar, daß ich ganz von vorn anfangen mußte hernach.«[30]

Häuser, Schlösser, Kathedralen

Rilkes Religiosität wurde jedoch nicht nur durch die Eltern geprägt, sondern in erheblichem Maße auch durch die Örtlichkeiten seiner näheren Umgebung. Schon der junge Rilke war ein Augenmensch und reagierte besonders sensibel auf räumliche Konstellationen.

Die ersten Gedichte der Gedichtsammlung *Larenopfer* des Zwanzigjährigen tragen Titel wie »Im alten Hause«, »Auf der Kleinseite« von Prag, »Ein Adelshaus«, »Der Hradschin«, »Bei St. Veit«, »Im Dome«, »In der Kapelle St. Wenzels«, »Vom Lugaus«, »Der Bau«, »Im Stübchen«. Immer geht es um Eindrücke von seiner Geburtsstadt Prag, wobei die religiösen Bauten dominieren.

Gleich in dem ersten Gedicht »Im alten Hause« – vermutlich das k.k. Theresianische adelige Damenstift auf dem Hradschin – fängt Rilke die Stimmung einer Dämmerstunde ein, die durch den Blick auf die barocke St. Nikolauskirche und den Ausklang des Gebets der Stiftsdamen religiös getönt ist.

IM ALTEN HAUSE

Im alten Hause; vor mir frei
seh ich ganz Prag in weiter Runde;
tief unten geht die Dämmerstunde
mit lautlos leisem Schritt vorbei.

Die Stadt verschwimmt wie hinter Glas.
Nur hoch, wie ein behelmter Hüne,
ragt klar vor mir die grünspangrüne
Turmkuppel von Sankt Nikolas.

Schon blinzelt da und dort ein Licht
fern auf im schwülen Stadtgebrause. –
Mir ist, daß in dem alten Hause
jetzt eine Stimme ›Amen‹ spricht.[31]

Noch am 28. Mai 1924 schrieb Rilke an seinen Mäzen und Freund Werner Reinhart über den nach der Altstadt zweitältesten Stadtteil Prags, die Kleinseite, auf der die Kirche Sankt Nikolas liegt: »[...] *dort* sind eigentlich alle Winkel, die ich als Knabe geliebt habe, sowie es ging lief ich dort hinüber und ging den merkwürdigsten Spuren nach.«[32]

Andererseits zog es Rilke unwiderstehlich zu Garten- und Bauernhäusern, Villen und Palästen, Schlössern und Türmen, was mit Snobismus nur wenig, mit seiner Sensibilität für das Ursprüngliche, das Göttliche, wie er meinte, um so mehr zu tun hatte. »Nun stell ich mir dann und wann kommende Tage vor, Tage vielleicht in Ihrem ›Schloß am Meere‹«, heißt es am 8. Januar 1910 aus Paris an Marie von Thurn und Taxis über ihr Schloß Duino bei Triest, wohin sie den Dichter eingeladen hatte: »[...] denn ich werde es immer besser verstehen, welchen großen und weiten Schutz ich plötzlich an jenem Abend empfand [am 13. Dezember 1909 hatte Rilke die Fürstin in Paris kennengelernt]: wie einer aus einem unheimlichen Haus tief aufathmend unter die Sterne tritt, so war ich plötzlich im hohen Freien, und aus meinem bedrängten Alleinsein war – kaum begreif ich wie – wieder die Einsamkeit geworden, die ich von Kindheit auf geliebt habe, die immer über mich hinausgeht, aber nie gegen mich ist. [...] Ihr ›Schloß am Meere‹, ich denke mirs an einer Küste ähnlich jener von Viareggio: dorthin hab ich mich in früheren Jahren oft geflüchtet, viel vom *Stundenbuch* ist dort entstanden, und ich weiß, ich dachte oft, es müßte da irgendwo ein Schloß geben –: aber wo es auch ist, es wird sicher dasjenige sein, nach dem ich damals gesucht habe.«[33] In Duino begann Rilke dann 1912 mit der Niederschrift der ersten *Duineser Elegien*.

Bei aller Kritik am kirchlichen Christentum fühlte sich Rilke zeitlebens den religiösen Erfahrungen verbunden, die ihm seit seiner Kindheit in Kapellen und Kirchen zuteil geworden waren, und auch später suchte er sie immer wieder. »In Florenz«, schreibt der Dreiundzwanzigjährige 1898 im *Florenzer Tagebuch*, »da es keine Wälder gibt [...], sind die Kirchen wie Wälder. In Santissima Annunziata zum Beispiel oder in Santo Spirito könnte ich ganz gerne eine Stunde lang und länger sitzen und lesen. In Santa Maria Novella vollends in den alten bequemen Chorherrenbänken unter den Ghirlandajos länger noch bleiben, ohne zu lesen. Diese Fresken erschienen mir als Ghirlandajos liebenswürdigste Arbeit: Novellenbilder im vollsten Sinn. Lapidare Illustrationen der Geschichte der Maria.«[34]

Fast ein Jahr später in Paris, am 21. Oktober 1913, beschreibt Rilke Lou Andreas-Salomé minutiös seine durch die unterschiedlichsten Räume ausgelösten Befindlichkeiten: »Paris war diesmal genau wie ich mirs versprach; schwer. Und ich komme mir vor wie eine photographische Platte, die zu lange belichtet wird, indem ich immer noch dem hier, diesem heftigen Einfluß, ausgesetzt bleibe. Mein Zimmer war voll des vergangenen Juny wartend, drohend, daß ich ihm alles damals Begonnene ablebe. Ich bin vor Schrecken gleich Sonntag nach Rouen gereist. Eine ganze Kathedrale thut noth, mich zu übertönen. Die französische Provinz hat immer etwas Beruhigendes für mich, soviele alte Häuser giebts dort, in denen ich in Gedanken Zuhause spiele, vorübergehend, und seh ich dann hin, so sind sie meistens wirklich zu vermiethen. Wirst Du mirs glauben, daß der Blick einer Vorüberkommenden in einer stillen Gasse Rouens, mich so bewog, daß ich fast nichts sehen konnte hernach, mich für nichts sammeln? Allmählich war dann doch die herrliche Kathedrale da, die Legenden ihrer dichtgefüllten Fenster, wo irdisches Ereignis durchscheinend wird und man das Blut seiner Farben sieht.«[35]

Nicht nur für die Herrlichkeiten der Kathedralen, auch für die »innige Stille« einer Tessiner Dorfkirche war Rilke empfänglich, wie er Lou am 16. Januar 1920 aus Locarno berichtet: »Und die Stille in den verlassenen Kirchen. Da sitz ich oft in einer ganz allein, und die Thränen kommen mir, einfach aus Glück über die innige Stille, draußen kräht ein schmächtiges Dorf-Hähnchen und der ganze Raum wird noch stiller davon, so ländlich-heilig-still . . . ach liebe Lou, *dies* müßt ich ums Herz haben dürfen ein halbes Jahr, selbst in den paar Augenblicken verwandelt michs, giebt mich mir zurück, und man bekommt sich ja immer gesteigert wieder.«[36]

Seine letzte Ruhestätte fand Rilke eine halbe Autostunde rhoneaufwärts von dem Schlößchen Muzot entfernt, wo er zuletzt daheim war, auf dem Friedhof von Raron, wohin er oft gewandert war. Am 27. Oktober 1925 schreibt er in seinem Testament zu Händen von Nanny Wunderly-Volkart: »[. . .] ich zöge es vor, auf dem hochgelegenen Kirchhof neben der alten Kirche zu Rarogne zur Erde gebracht zu sein. Seine Einfriedung gehört zu den ersten Plätzen, von denen aus ich Wind und Licht dieser Landschaft empfangen habe, zusammen mit allen den Versprechungen, die sie mir, mit und in Muzot, später sollte verwirklichen helfen.«[37]

Das Urvertrauen des Kindes und des Künstlers

Rilkes theoretische Auseinandersetzung mit der Kindheit begann früh. Bereits in dem Essay *Über die Kunst* von 1898 bedeutet die Kindheit für Rilke durch das in ihr vorherrschende Urvertrauen die Erfahrung einer umfassenden, göttlichen Geborgenheit und somit etwas Heiliges – eine Erkenntnis, die später in der Kindheitspsychologie und Psychotherapie wieder auftaucht. Durch sein Vertrauen ist das Kind Symbol und Vorbild zugleich für den modernen Künstler, wie ihn Rilke verstand.

Die Kindheit ist für ihn die »Zeit des Unbewußten«, »deren bestes Merkmal ein freudiges Vertrauen ist [. . .]. Die Kindheit ist das Reich der großen Gerechtigkeit und der tiefen Liebe. Kein Ding ist wichtiger als ein anderes in den Händen des Kindes. [. . .] Und was einmal in der Liebe aufleuchtete, das bleibt darin im Bilde und läßt sich nie mehr verlieren. Und das Bild ist Besitz. Darum sind Kinder so reich.«

Die Zeit der unbewußten Kindheit wird jedoch abgelöst durch das bewußte Reglement der Erziehung in Familie, Schule und Kirche, durch die Traditionen und Klassifizierungen in Staat und Gesellschaft. Der Reichtum der Kindheit »scheint immer mehr an Wert einzubüßen, je mehr Macht die Erziehung gewinnt, die die ersten unwillkürlichen und ganz individuellen Eindrücke durch überkommene und historisch entwickelte Begriffe ersetzt und die Dinge, der Tradition gemäß, zu wertvollen und unbedeutenden, erstrebenswerten und gleichgiltigen stempelt«.

So wenig sich der junge Mensch dieser Phase der Disziplinierung und des Zeitgeistes auch entziehen kann – ist er zum Künstler berufen, wird er sich seine kindliche Innenwelt als Quelle künftiger Kreativität bewahren und über seine Zeit hinauswachsen ins Universale. »Das heißt das Kind wird entweder älter und verständiger im bürgerlichen Sinn, als Keim eines brauchbaren Staatsbürgers, es tritt in den

Orden *seiner* Zeit ein und empfängt ihre Weihen, oder es reift einfach ruhig weiter von tiefinnen, aus seinem eigensten Kindsein heraus, und das bedeutet, es wird Mensch im Geiste *aller* Zeiten: Künstler. [. . .] Dieser streckt nicht seine vergänglichen Äste, durch welche die Herbste und Frühlinge ziehen, zu Gott, dem Ewigfremden, hin; er breitet ruhig seine Wurzeln aus, und sie umrahmen den Gott, der hinter den Dingen ist, dort, wo es ganz warm und dunkel wird.«[38]

Selbst Angst und Bangen können das kindliche Urvertrauen des Künstlers nicht erschüttern, wie es noch im selben Jahr, auf Jesu Wort im Matthäusevangelium: »Wenn ihr nicht werdet wie die Kinder« (18,3) anspielend, in *Mir zur Feier* heißt:

> Und ich weiß jetzt: wie die Kinder werde.
> Alle Angst ist nur ein Anbeginn;
> aber ohne Ende ist die Erde,
> und das Bangen ist nur die Gebärde,
> und die Sehnsucht ist ihr Sinn –[39]

In den 1899 entstandenen *Geschichten vom lieben Gott* bekennt sich Rilke erneut zur Allianz zwischen dem Künstler und den Kindern. Während die vernünftigen Großen in der Regel unsensibel sind für die Gegenwart des Göttlichen, sind es die Kinder, für die er erzählt und die ihn verstehen. So heißt es am Ende von »Der Bettler und das stolze Fräulein«: »Die Kinder haben auch diese Geschichte vernommen, und sie behaupten, zum Ärger des Herrn Lehrer, auch in *ihr* käme der liebe Gott vor. Ich bin auch ein wenig erstaunt darüber; denn ich habe dem Herrn Lehrer doch versprochen, ihm eine Geschichte ohne den lieben Gott zu erzählen. Aber, freilich: die Kinder müssen es wissen!«[40]

1906 in Paris – der Vater war im März gestorben, Rodin hatte die Zusammenarbeit mit Rilke aufgekündigt – suchte Rilke Zuflucht in der Erinnerung an die »Kindheit«, so der Titel in den *Neuen Gedichten*:

> Es wäre gut viel nachzudenken, um
> von so Verlornem etwas auszusagen,
> von jenen langen Kindheit-Nachmittagen,
> die so nie wiederkamen – und warum?

Noch mahnt es uns –: vielleicht in einem Regnen,
aber wir wissen nicht mehr was das soll;
nie wieder war das Leben von Begegnen,
von Wiedersehn und Weitergehn so voll

wie damals, da uns nichts geschah als nur
was einem Ding geschieht und einem Tiere:
da lebten wir, wie Menschliches, das Ihre
und wurden bis zum Rande voll Figur.

Und wurden so vereinsamt wie ein Hirt
und so mit großen Fernen überladen
und wie von weit berufen und berührt
und langsam wie ein langer neuer Faden
in jene Bilder-Folgen eingeführt,
in welchen nun zu dauern uns verwirrt.[41]

In der vierten, 1915 in München entstandenen *Duineser Elegie* erinnert sich Rilke an die Kindheit als gleichsam zeitlose Phase des Lebens, bestimmt »für einen reinen Vorgang«, in dem »hinter den Figuren« die Gegenwart des Göttlichen spürbar ist, eine Erfahrung, die auch dem Künstler vertraut ist.

O Stunden in der Kindheit,
da hinter den Figuren mehr als nur
Vergangnes war und vor uns nicht die Zukunft.
Wir wuchsen freilich und wir drängten manchmal,
bald groß zu werden, denen halb zulieb,
die andres nicht mehr hatten, als das Großsein.
Und waren doch, in unserem Alleingehn,
mit Dauerndem vergnügt und standen da
im Zwischenraume zwischen Welt und Spielzeug,
an einer Stelle, die seit Anbeginn
gegründet war für einen reinen Vorgang.[42]

Keine Austreibung der Teufel und Engel

Weil Rilke erfahren hatte, wie fruchtbar für seine Dichtung die kein Ende nehmende Auseinandersetzung mit der eigenen Kindheit war, lehnte er es ab, sich einer Psychoanalyse zu unterziehen, obwohl Lou Andreas-Salomé Therapeutin geworden war und ihm August 1909 riet: »Wenn Du mir irgendwann aus alten, kind-ältesten Erinnerungen schreiben magst, *tu's*, auch selbst bei kurzem Widerstreben.«[43] Doch Rilke wollte nicht von seinen möglicherweise kindheitsbedingten Traumata befreit werden, wie es am 28. Dezember 1911 aus Duino an Lou heißt: »Ich denke weniger als früher an einen Arzt. Die *Psychoanalyse* ist eine zu gründliche Hülfe für mich, sie hilft ein für alle Mal, sie räumt auf, und mich aufgeräumt zu finden eines Tages, wäre vielleicht noch aussichtsloser als diese Unordnung.«[44]

Das hatte auch religiöse Gründe. So schreibt Rilke an den Therapeuten Viktor Emil Freiherrn von Gebsattel am 14. Januar 1912 und zitiert dabei seine Frau Clara. Sie sei der Meinung, »eine Art Feigheit schreckte mich von der Analyse zurück, es paßte (wie sie sich ausdrückt) zu der ›vertrauenden‹, der ›frommen Seite‹ meiner Natur, sie auf mich zu nehmen, – aber das ist nicht richtig; gerade meine, wenn man so sagen soll, Frömmigkeit hält mich von diesem Eingriff ab, von diesem großen Aufgeräumtwerden, das nicht das Leben tut«. Er sei, fährt Rilke mit Blick auf sein bisheriges Leben fort, von nichts so ergriffen »wie von der unbegreiflichen, unerhörten Wunderbarkeit meines Daseins, das von vornherein so unmöglich angelegt war und von Rettung zu Rettung dennoch fortschritt«. Jetzt fürchte er »mit jeder Art [. . .] noch so erleichternder Einteilung und Übersicht eine um vieles höhere Ordnung zu stören«, der er Recht geben müsse, »selbst wenn sie mich zugrunde richtet«.[45] So gab Rilke unter dem 24. Januar 1912 Gebsattel eine Absage: »Nämlich, ich bin über die ernstesten Erwägungen zu dem Ergebnis gekommen, daß ich mir den Ausweg der Analyse nicht erlauben darf, es sei denn, daß ich wirklich entschlossen wäre, jenseits von ihr, ein neues (möglicherweise unproduktives) Leben zu beginnen.«[46] Diese Ansicht bekräftigte er noch am selben Tag gegenüber Lou, nicht ohne Ironie gegenüber den Lebensvereinfachern: »Ich weiß jetzt, daß die Analyse für mich nur

Sinn hätte, wenn der merkwürdige Hintergedanke, *nicht mehr zu schreiben*, den ich mir während der Beendigung des *Malte* öfters als eine Art Erleichterung vor die Nase hängte, mir wirklich ernst wäre. Dann dürfte man sich die Teufel austreiben lassen, da sie ja im Bürgerlichen wirklich nur störend und peinlich sind, und gehen die Engel möglicherweise mit aus, so müßte man auch das als Vereinfachung auffassen und sich sagen, daß sie ja in jenem neuen nächsten Beruf (welchem?) sicher nicht in Verwendung kämen.«[47]

Trotzdem traf sich Rilke im Oktober 1912 mit Gebsattel in München, der am 17. Oktober an Rilke schrieb, dieser sei ausgehungert inmitten des unerhörtesten Reichtums an Möglichkeiten. »Und Sie glauben, es sei das Fügung und höherer Wille, – und mich mutet es nur an, als seien die nährenden Kanäle, die uns mit dem Ganzen verbinden, störenden Unrats voll, verschlossen gegen den Durchzug der Engel und Mächte.«[48] Auch wenn es in den folgenden Jahren an Versuchen, vor allem von Lous Seite, nicht fehlte, Rilke für seine psychosomatischen Beschwerden psychoanalytische Ratschläge zu geben, und obwohl Rilke sogar selbst entsprechende Gespräche mit dem Therapeuten Freiherrn Schenk von Stauffenberg führte, so blieb er doch bei seiner Ehrfurcht vor der Unergründlichkeit der eigenen Kindheit und bei seiner Überzeugung, er habe deren Auswirkungen nicht in sich aufzulösen, sondern vielmehr kreativ zu gestalten, wie er am 9. September 1914 an Lou schreibt: Stauffenberg »versuchte immer wieder auf jenes Gebiet zu kommen, wo er meint, vor allem Macht zu haben, wir gingen auch zuweilen darüber hin, nur daß eben alles Graben und Jäten und eigentliche Arbeiten dort ausgeschlossen blieb. Mit Schrecken empfand ich manchmal eine Art von geistigem Brechreiz, den er hervorzurufen bemüht war; es wäre furchtbar, die Kindheit so in Brocken von sich zu geben, furchtbar für einen, der nicht darauf angewiesen ist, ihr Unbewältigtes *in sich* aufzulösen, sondern ganz eigentlich dazu da, es in Erfundenem und Gefühltem verwandelt aufzubrauchen in Dingen, Thieren –, worin nicht? – wenn es sein muß in Ungeheuern.«[49] 1920 in der Schweiz bekräftigt Rilke auf Schloß Berg diese Auffassung:

Laß dir, daß Kindheit war, diese namenlose
Treue der Himmlischen, nicht widerrufen vom Schicksal,

selbst den Gefangenen noch, der finster im Kerker verdirbt,
hat sie heimlich versorgt bis ans Ende. Denn zeitlos
hält sie das Herz.[50]

2. Traditionelle Gottesbeweise und moderne Gotteserfahrung

Da mußt du wissen, daß dich Gott durchweht seit Anbeginn.[1]

Für Rilke war die Zeit der Entscheidung zwischen einem Leben als normaler Bürger und einem als Dichter durch die Scheidung seiner Eltern und durch einen häufigen Schulwechsel besonders schwierig. Nach der 1884 erfolgten Trennung der Eltern trat er 1886, nach Besuch der von Piaristen geleiteten Deutschen Volksschule in Prag, wo Tschechisch Schulfach war, auf Initiative des Vaters, dessen Offizierskarriere mißlungen war und der hoffte, der Sohn würde die Scharte auswetzen, in die Militär-Unterrealschule St. Pölten ein. 1890 wechselte er auf die Militär-Oberrealschule Mährisch-Weißkirchen, von wo er im Juni 1891 wegen dauernder Kränklichkeit vorzeitig ausschied. Ab September 1891 besuchte er die Handelsakademie Linz, die er ebenfalls, im Mai 1892, vorzeitig verließ. Ab Herbst 1892 bereitete er sich privat auf das Abitur vor, das er denn auch am 9. Juli 1895 am Prager Graben-Gymnasium mit Auszeichnung bestand.

Schultrauma, Christusnachfolge und erste Gedichte

Auch wenn ihm seine Schulzeit in der Rückschau düsterer vorgekommen sein mag, als sie in Wirklichkeit gewesen ist: das Trauma der Militärschulen verfolgte Rilke sein Leben lang, wie er am 9. Dezember 1920 von Schloß Berg am Irchel im Kanton Zürich an seinen früheren Vorgesetzten, Generalmajor Sedlakowitz, nach Fischau in Niederösterreich schreibt. »Wenn Sie, Herr General, die Erbitterung übertrieben finden, ohne welche ich selbst heute noch jene Tatsachen meiner frühen Jugend nicht einmal aufzählen kann, – so bitte ich Sie, einen kurzen Augenblick zu bedenken, daß ich damals, bei meinem Austritte aus der Militär-Oberrealschule, als ein Erschöpfter, körperlich und geistig Mißbrauchter, verspätet, sechzehnjährig, vor den ungeheueren Aufgaben meines Lebens stand, betrogen um den arglosesten Teil meiner Kraft und zugleich um jene nie wieder nachzuholende Vorbereitung, die mir reinliche Stufen gebaut haben würde zu einem Anstieg, den ich nun, geschwächt und geschädigt, vor den steilsten Wänden meiner Zukunft beginnen sollte.«

Rilke gibt zu, es mag auch »hellere Stellen« gegeben haben, »in denen ein Freundliches, weil es gar nicht mehr anders ging, wie durch Zufall zusammenkam. [...] Aber wie gering war das, gemessen an der täglichen Verzweiflung eines zehn-, eines zwölf-, eines vierzehnjährigen Knaben.«[2]

Ob zu dem »Freundlichen« nicht auch Rilkes damalige Überzeugung gehörte, er müsse und könne in diesem schwierigen Schulmilieu Christus nachfolgen? »In meinem kindlichen Sinn glaubte ich durch meine Geduld nahe dem Verdienste Jesu Christi zu sein, und als ich einst einen heftigen Schlag ins Gesicht erhielt, so dass mir die Knie zitterten, sagte ich dem ungerechten Angreifer – ich hör' es noch heute – mit ruhiger Stimme: ›Ich leide es weil Christus es gelitten hat still und ohne Klage, und während du mich schlugst betete ich zu meinem guten Gott, dass er dir vergebe.‹ Eine Weile stand der erbärmliche Feigling stumm und starr, dann brach er in das Hohngelächter aus, in welches alle, denen er den Ausruf meiner Verzweiflung mittheilte heulend einstimmten. Und ich floh dann immer zurück bis in die äußerste letzte Fensternische, verbiss meine Thränen, die dann erst in der Nacht, wenn durch den weiten Schlafsaal das regelmäßige Athmen der Knaben hallte sich ungestüm und heiß Bahn brachen.«[3] Was Rilke schließlich rettete, war, wie er in dem Brief an Generalmajor Sedlakowitz weiter schreibt, auf seinen beiden Rußlandreisen 1899/1900 eine paradoxe Erfahrung, die, durch die Lektüre Dostojewskis vorbereitet, »sich schwer formulieren« läßt: den Gewinn innerer Freiheit durch vollkommene äußere Unterwerfung. »Der russische Mensch hat mir in so und so vielen Beispielen vorgestellt, wie selbst eine, alle Kräfte des Widerstands dauernd überwältigende Knechtung und Heimsuchung nicht notwendig den Untergang der Seele bewirken muß. Es gibt da, für die slawische Seele wenigstens, einen Grad der Unterwerfung, der so vollkommen genannt zu werden verdient, daß er ihr, selbst unter dem aufliegendsten und beschwerendsten Drucke, etwas wie einen heimlichen Spielraum schafft, eine vierte Dimension ihres Daseins, in der nun, mögen die

Zustände noch so bedrängend werden, eine neue, endlose und wahrhaft unabhängige Freiheit für sie beginnt.«[4]

Der »heimliche Spielraum« bestand für Rilke über zehn Jahre lang, seit 1884, als er zum elterlichen Hochzeitsfest sein erstes Gedicht verfaßte, darin, sich in der Dichtkunst zu versuchen. Sie war ihm in den schwierigen Jahren, vor allem an den Militärschulen, Trost und Hilfe. Galt es doch, für seine bedrückenden, aber auch befreienden Erfahrungen die eigene Sprache zu finden. Ein Mitschüler, der spätere Generalmajor Jacob Fischer, erinnert sich: »Oftmals erhob er [Rilke] sich, vor Beginn des Unterrichts in der deutschen Sprache, laut- und wortlos von seiner Bank in der letzten Reihe und [ging] mit ganz kleinen Schritten zum Katheder, überreichte dem Lehrer einige kurze Gedichte, und bat, sie vorzulesen, was auch stets geschah. Wir verstanden wenig von Lyrik, wir schwiegen... Es fiel nie ein spöttisches Wort.«[5] Diese frühe Erfahrung von der Macht der Ohnmacht und darin die eines göttlichen Paradoxons beschäftigte Rilke noch 1922 im fiktiven *Brief des jungen Arbeiters*: »[...] im Innersten aber weiß ich, daß die Unterwerfung weiter führt als die Auflehnung; sie beschämt, was Bemächtigung ist, und sie trägt unbeschreiblich bei zur Verherrlichung der richtigen Macht. [...] Irgendwo stößt die Willkür von selber ans Gesetz, und wir ersparen Kraft, wenn wir ihr überlassen, sich selber zu bekehren. Freilich das gehört zu den langen und langsamen Vorgängen, die so völlig in Widerspruch stehen mit den merkwürdigen Überstürzungen unserer Zeit.«[6]

Gottesbeweise und Gottes Wehn

Ein Brief des vierzehnjährigen René aus der Militär-Unterrealschule in St. Pölten vom 27. Oktober 1889 zeigt, wie Rilke zur Freude und Erbauung seiner Mutter mit Begeisterung aufnahm und wiederzugeben wußte, was im Religions-, Geschichts- und Naturkundeunterricht gelehrt wurde: den kosmologischen Gottesbeweis im Hinblick auf das Wunder des Kosmos und des Lebens, einen historischen durch Hinweis auf die heidnischen Römer und die revolutionären Franzosen. Die Quintessenz: Der Glaube an einen allmächtigen Gott ist unausweichlich.

Zunächst nennt Rilke drei Maximen, nach denen man sein Leben ausrichten sollte: »Die Wahrheit liegt in der Mitte«, »Nicht zu wenig, nicht zu viel« und »En Avant – Vorwärts«. »Wenn man im irdischen Dasein diese drei Edelsteine hegt und hütet, aber nicht geizig als verhüllten Schatz, nein, sie zur Geltung bringt zum Wohle der Menschheit, dann kann man einst wie der große Kopernikus am Totenbette sagen, ein Leben wars, ›in honorem santi semitritas‹ [wohl *sanctae trinitatis*, zu Ehren des dreieinigen Gottes].

Hieraus sehen wir, daß in diesem großen Geiste bereits die Ahnung eines höheren Wesens, die Ahnung eines Herrschers dieser Welt, der unumschränkte Macht hat zu gebieten und vor dem alles sich im Staube neigt, auftauchte. Er erkannte, daß die damaligen Götter wohl hübsche Figuren aus Marmor, Alabaster, Ton seien, daß ihnen aber kein Leben innewohne.

Denn: Blicken wir alles Erschaffene an: zum Beispiel ein Blatt eines Baumes. – Es besteht aus verschiedenen Säuren. Man hat auf chemischem Wege alle seine Bestandteile festgesetzt bis aufs Geringste. Nun kam einmal zum berühmten 1806 geborenen Physiker Evangelista Torricelli ein Mann und meinte: Hier hast du alle Bestandteile eines Blattes, mach mir ein solches. Lächelnd verneinte dies der Physiker, und wir können mit dem erhabenen Goethe in seinem ›Faust‹ sagen: Ich hab die Teile in der Hand, leider fehlt mir das geistige Band! Es ist festgestellt, daß alle die großen Geister des Altertums als Scipio, Plato, Cato, Sokrates in der Seligkeit aufgenommen seien.

Schrecklich muß es gewesen sein, als in Rom im Pantheon Tausende von Göttern ihren Thron aufgeschlagen hatten. Eine Chronik der damaligen Zeit erzählt folgende Geschichte: Ein reicher Römer kannte sich unter den vielen tausend Göttern nicht mehr aus, welchen er verehren sollte. Er kaufte sich nun eine Statue von einem Gott und verehrte ihn; wenn ihm aber etwas Böses widerfahren war, nahm er einen Stab, zerschlug diese Gottheit und kaufte sich eine andere, so ging es fort.

Wahrlich ein trauriges Zeichen menschlicher Verirrung.

Noch ärger war dies zur Zeit der Französischen Revolution, wo Gott dem Herrn ein förmlicher Haß verkündet wurde. Die wundervollen Statuetten, die die Notre-Dame-Cathedrale zu Paris zierten, wurden in der rohesten Weise vernichtet, und Meisterwerke der Bildhauerkunst schwanden zu Staub.

Endlich wurde Gott von seinem Thron förmlich abgesetzt und eine Balletteuse als Göttin der Vernunft erhoben. Sie stieg auf die Stufen des Altares und setzte sich auf das Tabernakel nieder. Solche Maßregeln konnte selbst Robespierre nicht im Staate dulden, und das erste Gesetz der neuen Staatsverfassung hieß: Il faut que chaque français pense à un Dieu qui règne. [Jeder Franzose muß an einen Gott denken, der regiert.]«[7]

In Kontrast zu dieser traditionellen Auffassung von Gott als dem allmächtigen Herrscher, an den zu glauben unausweichlich ist, steht das letzte Gedicht der Gedichtsammlung *Mir zur Feier*, das Rilke neun Jahre später, 1898, während eines Aufenthaltes in Viareggio verfaßte. Es faßt ein Gottesbild, das sich ihm im Laufe der Jahre als das einzig für ihn verbindliche gezeigt hatte und das es bis an sein Lebensende blieb: Gott nicht mehr als ein demonstrierbares, forderndes Gegenüber, sondern als ein immer schon im tiefsten Inneren Gegenwärtiger und Wirkender, der vom Herzen in besonders schöpferischen, »glühenden« Augenblicken erfahren wird, ohne daß er sich dadurch »verriete«, seinen Geheimnischarakter verlöre:

Du darfst nicht warten, bis Gott zu dir geht
und sagt: Ich bin.
  Ein Gott, der seine Stärke eingesteht,
hat keinen Sinn.
  Da mußt du wissen, daß dich Gott durchweht
seit Anbeginn,
  und wenn dein Herz dir glüht und nichts verrät,
dann schafft er drin.[8]

In einem Gedicht von 1901 aus dem »Buch von der Pilgerschaft« des *Stunden-Buchs* verzichtet Rilke ausdrücklich auf Beweise und Wunder:

Alle, welche dich suchen, versuchen dich.
Und die, so dich finden, binden dich
an Bild und Gebärde.

Ich aber will dich begreifen
wie dich die Erde begreift;
mit meinem Reifen
reift
dein Reich.

Ich will von dir keine Eitelkeit,
die dich beweist.
Ich weiß, daß die Zeit
anders heißt
als du.

Tu mir kein Wunder zulieb.
Gieb deinen Gesetzen recht,
die von Geschlecht zu Geschlecht
sichtbarer sind.[9]

Natur- und Weltfrömmigkeit

Dieser schöpferische Gott durchweht für Rilke nicht nur das Herz des Menschen, er stellt auch eine geheimnisvolle Verbindung her zu der uns umgebenden Welt, vor allem zur Natur. Bereits in dem frühen Gedicht »Sommerabend« versieht Rilke die Naturdinge mit den Merkmalen kirchlicher Liturgie als Zeichen seiner Weltfrömmigkeit:

Die Büsche beten Litaneien,
Glühwürmchen hangt, das regungslose,
dort wie ein ewiges Licht hinein;
und eine kleine weiße Rose
trägt einen roten Heiligenschein.[10]

So tief wurde von Rilke die Verbundenheit mit der Natur als einer von göttlichem Leben erfüllten Wirklichkeit bereits 1896 empfunden, daß er in der »psychologischen Skizze« mit dem Haupttitel *Eine Tote* das Mädchen Felice ihrem Geliebten gestehen läßt, sie fühle sich innerlich gestorben, seit sie als Kind erleben mußte, wie ein Spielkamerad einen Vogel tötete. »›Der kleine Vogel reißt den Schnabel weit auf, weit – – – dann fällt das Köpfchen herab... da, da zuckt mirs so da, da durch‹, sie fuhr nach dem Herzen, ›und da – bin – – – ich – – – gestorben.‹ Ihr Wort ging tonlos aus. Sie ließ sich neben mir auf die Bank fallen. Ihre Augen waren geschlossen. Kein Atemzug hob ihre Brust... sie lag neben mir, ein entsetzliches Bild des bleichen, bleichen Todes... Wir saßen selbander auf der Moosbank. Es war einer jener herrlichen Frühsommertage, wo die Welt eine große volltönende Hymne scheint, die die Schönheit preist des wahren wonnigen Lebens. Der Wald schien ein Tempel, auf dessen stämmigen Säulen die unendliche Decke in blauender Klarheit ruhte; der Wind bewegte mit zartem Hauche die Zweige und aus dem Tannicht stieg des berückenden Duftes schmeichelnder Weihrauch. Stille. Mir war, als ginge an uns vorbei auf dem moosumrandeten Pfade eine gute, milde, segenstreuende Gottheit, der die Menschen zu opfern vergessen, einsam dahin. Ich glaube es war ein Gebet, das mir in der Seele erwachte, tief, tief, ein Gebet zu diesem unbekannten, übermenschlichen Wesen des Waldes, das bis auf die Lippen sich rang. Ich flehte, es möchte das holde Weib neben mir aus der schrecklichen grauen Umnachtung aufwachen und rings um sich freudig den Odem des lieben, lebendigen Lebens ahnen und fühlen... Hatte ich laut gesprochen? Das Mädchen legte die Hand sanft auf die meine und blickte mich an so traurig, daß mein Herz aus dem Taumel der Freude jäh auffuhr [...]. Da hüpfte gegenüber aus dem Dickicht ein kleiner, kecker Vogel geradenwegs auf uns zu. [...] Ich bemerkte, daß Felice aufmerksam das niedliche Tierchen verfolgte, wie ihre Züge heller und heller wurden. Ja, wahrhaftig sie lachte [...]. Felice war genesen.«[11] Diesen lebensspendenden göttlichen Odem der Natur verspürte Rilke sein Leben lang, und wenn er ihn in Städten wie Berlin, Paris und Rom schmerzlich vermißte, suchte und fand er ihn in Gärten und Parks, Wiesen und Wäldern.

Es gibt von Rilke, niedergeschrieben 1913 in Ronda in Südspanien unter der Überschrift *Erlebnis*, die eindringliche Schilderung einer mystischen Naturerfahrung im Garten des Schlosses Duino aus der Zeit von Oktober 1911 bis Mai 1912, als Rilke die beiden ersten *Duineser Elegien* schrieb. Rilke spricht von sich in dritter Person: »Es mochte wenig mehr als ein Jahr her sein, als ihm im Garten des Schlosses, der sich den Hang ziemlich steil zum Meer hinunterzog, etwas Wunderliches widerfuhr. Seiner Gewohnheit nach mit einem Buch auf und abgehend, war er darauf gekommen, sich in die etwa schulterhohe Gabelung eines strauchartigen Baumes zu lehnen, und sofort fühlte er sich in dieser Haltung so angenehm unterstützt und so reichlich eingeruht, daß er so, ohne zu lesen, völlig eingelassen in die Natur, in einem beinah unbewußten Anschaun verweilte. Nach und nach erwachte seine Aufmerksamkeit über einem niegekannten Gefühl: es war, als ob aus dem Innern des Baumes fast unmerkliche Schwingungen in ihn übergingen; er legte sich das ohne Mühe dahin aus, daß ein weiter nicht sichtlicher, vielleicht den Hang flach herabstreichender Wind im Holz zu Geltung kam, obwohl er zugeben mußte, daß der Stamm zu stark schien, um von einem so geringen Wehen so nachdrücklich erregt zu sein. Was ihn überaus beschäftigte, war indessen nicht diese Erwägung oder eine ähnliche dieser Art, sondern mehr und mehr war er überrascht, ja ergriffen von der Wirkung, die jenes in ihn unaufhörlich Herüberdringende in ihm hervorbrachte: er meinte nie von leiseren Bewegungen erfüllt worden zu sein, sein Körper wurde gewissermaßen wie eine Seele behandelt und in den Stand gesetzt, einen Grad von Einfluß aufzunehmen, der bei der sonstigen Deutlichkeit leiblicher Verhältnisse eigentlich gar nicht hätte empfunden werden können. Dazu kam, daß er in den ersten Augenblicken den Sinn nicht recht feststellen konnte, durch den er eine derartig feine und ausgebreitete Mitteilung empfing; auch war der Zustand, den sie in ihm herausbildete, so vollkommen und anhaltend, anders als alles andere, aber so wenig durch Steigerung über bisher Erfahrenes hinaus vorstellbar, daß er bei aller Köstlichkeit nicht daran denken konnte, ihn einen Genuß zu nennen. Gleichwohl, bestrebt, sich gerade im Leisesten immer Rechenschaft zu geben, fragte er sich dringend, was ihm da geschehe, und fand fast gleich einen Ausdruck, der ihn befriedigte, vor sich hinsagend: er sei auf die andere Seite der Natur geraten.«[12]

Bereits im Dezember 1911 hatte Rilke eine solche Erfahrung in die Verse gebracht:

> Fühlend Götter, die sich nahe rühren
> an der andern Seite der Natur.[13]

Besonders in Rilkes letzter Schaffensphase, von 1922 bis 1926, in der er seinen Wohnsitz im Wallis genommen hatte, gehörte diese »andere Seite der Natur« zu der immer wieder erfahrenen Wirklichkeit. An die Gräfin Sizzo schreibt er am 6. Januar 1923: »[...] wie der Mond, so hat gewiß das Leben eine uns dauernd abgewendete Seite, die *nicht* sein Gegenteil ist, sondern seine Ergänzung zur Vollkommenheit, zur Vollzähligkeit, zu der wirklichen heilen und vollen Sphäre und Kugel des *Seins*.«[14] In dem Gedicht »Spaziergang« vom März 1924 faßt Rilke seine mystische Landschaftserfahrung dahingehend zusammen:

Schon ist mein Blick am Hügel, dem besonnten,
dem Wege, den ich kaum begann, voran.
So faßt uns das, was wir nicht fassen konnten,
voller Erscheinung, aus der Ferne an –

und wandelt uns, auch wenn wirs nicht erreichen,
in jenes, das wir, kaum es ahnend, sind;
ein Zeichen weht, erwidernd unserm Zeichen...
Wir aber spüren nur den Gegenwind.[15]

Herr, sei nicht gut, sei herrlich

Im »Buch von der Armut und vom Tode«, dem letzten Teil des *Stunden-Buchs* von 1903, setzt sich Rilke ausdrücklich auch mit der von ihm seit seiner Kindheit gefühlten dunklen Seite Gottes auseinander und beschwört die Zeichen des Untergangs, die einen letztlich unbegreiflichen Gott offenbaren. Diesen nicht zu verdrängen, sondern ebenso zu bejahen wie den lebensspendenden Gott, war Rilkes Devise. Dabei war er weit davon entfernt, die uralte Theodizee-Diskussion des christlichen Abendlandes aufzunehmen und darauf zu drängen, Gott müsse sich angesichts des Leidens in seiner Schöpfung rechtfertigen.

Das letzte Zeichen laß an uns geschehen,
erscheine in der Krone deiner Kraft,

und gieb uns jetzt (nach aller Weiber Wehen)
des Menschen ernste Mutterschaft.
Erfülle, du gewaltiger Gewährer,
nicht jenen Traum der Gottgebärerin, –
richt auf den Wichtigen: den Tod-Gebärer,
und führ uns mitten durch die Hände derer,
die ihn verfolgen werden, zu ihm hin.
Denn sieh, ich sehe seine Widersacher,
und sie sind mehr als Lügen in der Zeit, –
und er wird aufstehn in dem Land der Lacher
und wird ein Träumer heißen: denn ein Wacher
ist immer Träumer unter Trunkenheit.

Du aber gründe ihn in deine Gnade,
in deinem alten Glanze pflanz ihn ein;
und mich laß Tänzer dieser Bundeslade,
laß mich den Mund der neuen Messiade,
den Tönenden, den Täufer sein.[16]

Rilke erbittet nichts Geringeres als eine Neubewertung des Kreuzes und seine eigene Berufung als dessen Verkünder in der Nachfolge Johannes' des Täufers, der die Menschen auf Jesus als das Opferlamm hinwies.

1909, Rilke befand sich gesundheitlich und schöpferisch in einer Krise, radikalisierte er noch das Bild eines schrecklichen Gottes. Zwar schrieb er am 19. August an Jacob von Uexküll optimistisch: »Es kann im Schrecklichen nichts so Absagendes und so Verneinendes geben, daß nicht die multiple Aktion künstlerischer Bewältigung es mit einem großen, positiven Überschuß zurückließe, als ein Dasein-Aussagendes, Sein-Wollendes: als einen Engel.«[17] Das klingt, als habe Rilke mit einer gewissen Leichtigkeit und Routine die Anfechtungen bewältigt. Doch das folgende Gedicht, das erst 1953 aus dem Nachlaß veröffentlicht wurde, zeigt die ganze Radikalität, mit der sich Rilke dem »zerfetzenden« Gott überantwortet:

Herr, sei nicht gut: sei herrlich; widerleg
das Hörensagen, das sie an dir rühmen:

zerbrich das Haus, zerstör den Steg
und wälz ein Nest von Ungetümen
dem Flüchtling an den Nebenweg.

Denn so sind wir verkauft an kleine Nöte,
daß alle meinen Jahr um Jahr
wenn einer ihnen beide Hände böte
so wär ein Gott. Du Notnacht voller Röte,
du Feuerschein, du Krieg, du Hunger: töte:
denn du bist unsere Gefahr.

Erst wenn wir wieder unsern Untergang
in dich verlegen, nicht nur die Bewahrung,
wird alles dein sein: Einsamkeit und Paarung,
die Niederlage und der Überschwang.
Damit entstehe, was du endlich stillst,
mußt du uns überfallen und zerfetzen;
denn nichts vermag so völlig zu verletzen
wie du uns brauchst, wenn du uns retten willst.[18]

Jedes Wort ist eine Frage

In dem Maße, in dem Rilkes Gottheit die Grenzen des kirchlichen Dogmas überschritt und er nach Worten suchte, um sein eigenes Gottesbild zu beschreiben, erfuhr er angesichts dieser grenzenlosen, undefinierbaren Wirklichkeit die Unzulänglichkeit der Sprache:

Kann mir einer sagen, wohin
ich mit meinem Leben reiche?
Ob ich nicht auch noch im Sturme streiche
und als Welle wohne im Teiche,
und ob ich nicht selbst noch die blasse, bleiche
frühlingfrierende Birke bin?[19]

Die Frageform dieses 1898 in Berlin-Wilmersdorf entstandenen Gedichts ist von Rilke nicht rhetorisch, sondern ernst gemeint. Er fürchtet die schnelle Antwort, seine eigene und die der Menschen. So sehr ihn auch Erfahrungen und Ahnungen seines Herzens und der Natur heimsuchten, die er als göttlich *bezeichnen* mochte – als Dichter will er eher von ihnen *singen*, statt seine intimsten Gefühle der Alltagssprache und dem Fachjargon der Philosophen und Theologen auszusetzen und sie dadurch möglicherweise zu verfälschen. In diesem Sinne antwortet Rilke selbst im selben Jahr noch auf das obige Fragegedicht:

Ich fürchte mich so vor der Menschen Wort.
Sie sprechen alles so deutlich aus:
Und dieses heißt Hund und jenes heißt Haus,
und hier ist Beginn und das Ende ist dort.

Mich bangt auch ihr Sinn, ihr Spiel mit dem Spott,
sie wissen alles, was wird und war;
kein Berg ist ihnen mehr wunderbar;
ihr Garten und Gut grenzt grade an Gott.

Ich will immer warnen und wehren: Bleibt fern.
Die Dinge singen hör ich so gern.
Ihr rührt sie an: sie sind starr und stumm.
Ihr bringt mir alle die Dinge um.[20]

Schon früh teilte Rilke mit den Mystikern und großen Denkern und Dichtern die Skepsis gegenüber den Möglichkeiten der Sprache, seelische, vor allem religiöse Erfahrungen adäquat wiederzugeben. In den von Rudolf Steiner herausgegebenen *Dramaturgischen Blättern* schreibt Rilke im selben Jahr 1898 über den *Wert des Monologs* im modernen Drama: »Aber man wird einmal aufhören müssen, ›*das Wort*‹ zu überschätzen. Man wird einsehen lernen, daß es nur eine von den vielen Brücken ist, die das Eiland unserer Seele mit dem großen Kontinent des gemeinsamen Lebens verbinden, die breiteste vielleicht, aber keineswegs die feinste. Man wird fühlen, daß wir in Worten nie ganz aufrichtig sein können, weil sie viel zu grobe Zangen sind, welche an die zartesten Räder in dem großen Werke gar nicht rühren können, ohne sie nicht gleich zu zerdrücken. Man wird es deshalb aufgeben, von den Worten Aufschlüsse über die Seele zu erwarten, weil man es nicht liebt, bei seinem Knecht in die Schule zu gehen, um Gott zu erkennen.«[21] In einem anschließenden »Offenen Brief an Rudolf Steiner« präzisiert Rilke seine Auffassung. Er habe »nicht an jene einsamen Worte gedacht, in welche gehüllt, große Vergangenheiten unter uns leben wie Zeitgenossen«. Er meine »das Wort des Verkehrs, das kleine, tägliche, bewegliche«; von ihm behaupte er, »die Seele hätte nicht Raum in ihm. Ja es scheint mir geradezu, als wären Worte solcher Art vor den Menschen wie Mauern [. . .]. Gedenken Sie der Liebenden, die sich in den Tagen des Findens mit Worten voneinanderdrängen, ehe sie sich erkennen im ersten Schweigsamsein. Frage jeder sich selbst, ob auf den Höhepunkten seines Lebens Worte stehen? [. . .] Jedes Wort ist eine Frage, und das, welches sich als Antwort fühlt, erst recht. Und in diesem Sinn ist Ihre Bemerkung richtig, daß die Worte, unvermögend Offenbarungen zu geben, vieles ahnen lassen. Es steht also bei jedem, ein Wort weit oder eng, reich oder armselig zu fühlen; und das ist gut: ›Du gleichst dem Geist, den du begreifst‹.«[22]

Diese Unmöglichkeit, Gott in wohldefinierte Worte zu fassen, wurde für Rilke zunehmend größer. Im kritischen Jahr 1909 beschreibt er, wie das Versagen der Worte angesichts des Göttlichen nicht nur die Grenzen der Sprache andeutet, sondern zugleich die Wirklichkeit Gottes entgrenzt und den Menschen in seiner Gotteserfahrung verunsichert, fraglich werden läßt. Rilke setzt hier auf seine Weise die negative mystische Theologie der Fragen fort, wie sie sich seit der Antike im Abendland gegen die positive dogmatische Theologie der Antworten behauptet hat.

> Ach in der Kindheit, Gott: wie warst du leicht:
> du, den ich jetzt von nirgend wiederbringe.
> Man lächelte nach seinem Lieblingsdinge;
> es rollte zu: da warst du schon erreicht.
> Und nun mein Herr, wo reis' ich hin zu dir?
> Wo fahr ich ein? Auf wasfür Berge steig ich?
> Fragt einer dich: nach welcher Stelle zeig ich.
> Wo weht dein Hain? Wo geht dein Tier?
> Wo ist das Wasser neu, daß ich mir wasche

Gesicht, Geschlecht: ich war noch niemals rein.
Wo wandelst du Geweihtes um in Asche
mit deinem feuerigen Augenschein.
Reizt der Geruch von allen unsern Lastern
nicht deines Zornes Brunst. Was wartest du?
Was machst du nicht die Dringendsten zu Fastern
und schleuderst ihnen erst den Engel zu
wenn sie sich winden unter ihrem Blut?[23]

Gott in den Dingen

Rilke nimmt in dem erwähnten »Offenen Brief an Rudolf Steiner« das Stichwort »ahnen« zum Anlaß, um sich gegen ein Mißverständnis seines Gottesbildes zu wehren, als gelte es, Gott *hinter* den Dingen zu suchen. »Und dann mit dem ›Ahnen‹ überhaupt: war das nicht eine arme und verlassene Welt, welche Gott *ahnte* hinter den Dingen? War das nicht ein müßiger Gott, ein Gott mit den Händen im Schoß, der so genügsam war, sich *ahnen* zu lassen? Heißt es nicht vielmehr ihn finden, ihn erkennen, ihn tief in sich selbst schaffend, wie mitten in der Werkstatt überraschen, um ihn zu besitzen? So glaube ich auch, daß wir uns nicht begnügen dürfen, das hinter den Worten zu ahnen. Es muß uns irgendwann sich offenbaren. Und in der Tat: Wer erinnert sich nicht der Augenblicke, da ihm die ganz armen, abgenützten Worte von geliebten Lippen wie nieberührt und zum erstenmal und strahlend vor Jugend entgegenkamen? Jemand sagt: ›Das Licht‹, und es ist, als ob er sagte: ›zehntausend Sonnen‹; er sagt: ›der Tag‹ und du hörst: ›die Ewigkeit‹. Und du weißt auf einmal: Seine Seele hat gesprochen; nicht aus ihm, nicht durch das kleine Wort, welches du morgen schon vergessen hast, durch das Licht, durch den Klang vielleicht, durch die Landschaft. Denn wenn eine Seele spricht, ist sie in allem. Sie weckt alle Dinge auf, gibt ihnen Stimmen; und was sie gesteht, ist immer ein ganzes Lied.«

Deshalb gilt nicht nur für die Theaterbühne, sondern auch für das Welttheater unseres Lebens: über das beengende Wort hinaus allen Dingen Raum zu geben. »Raum will ich für das alles, was mit teilnimmt an unseren Tagen und was, von Kindheit auf, an uns rührt und uns bestimmt. Es hat ebensoviel Anteil an uns als die Worte. Als ob im Personenverzeichnis stünde: ein Schrank, ein Glas, ein Klang und das viel Feinere und Leisere auch. Im Leben hat alles denselben Wert, und ein Ding ist nicht schlechter als ein Wort oder ein Duft oder ein Traum. [. . .] Mag sein, daß das Leben eine Weile lang in den Worten treibt wie der Fluß im Bett; wo es frei und mächtig wird, breitet es sich aus über alles; und keiner kann seine Ufer schauen.«[24]

Als Quintessenz seiner Gotteserfahrung ergibt sich für Rilke: Der Dichter verschweigt mit seinen Versen mehr als er verrät, er weckt wie ein Priester in den Menschen die Sehnsucht nach dem Unaussprechlichen. Dabei weiß sich Rilke in der Tradition der Geheimen und Ganzen, von deren Herzen ein Segen ausgeht. So heißt es bereits in *Mir zur Feier* von 1897/98:

Ich möchte werden wie die ganz Geheimen:
Nicht auf der Stirne die Gedanken denken,
nur eine Sehnsucht reichen in den Reimen,
mit allen Blicken nur ein leises Keimen,
mit meinem Schweigen nur ein Schauern schenken.

Nicht mehr verraten und mich ganz verschanzen
und einsam bleiben; denn so tun die Ganzen:
Erst wenn, wie hingefällt von lichten Lanzen,
die laute Menge tief ins Knieen glitt,
dann heben sie die Herzen wie Monstranzen
aus ihrer Brust und segnen sie damit.[25]

3. Das Ringen um die Christusbilder

Und er sieht Christum einsam knien und weinen.[1]

Man möchte meinen, zu den »Geheimen« und »Ganzen«, die mit ihren »Herzen wie Monstranzen« die Menschen segnen, hätte Rilke auch Christus gezählt. Hatte ihn doch, als er noch klein war, seine Mutter gelehrt, am Kreuz die Stellen der Nagelmale, wo Christus Schmerzen erlitten habe, zu küssen. Und hatte Rilke, wie oben beschrieben, während der schrecklichen Schulzeit nicht wie Christus seinen Peinigern vergeben und für sie gebetet?

Im Herbst 1895 begann Rilke in Prag mit dem Studium der Literatur, Geschichte, Kunst und Philosophie. Im Sommersemester 1896 wechselt er an die Rechts- und Staatswissenschaftliche Fakultät, siedelte jedoch bereits im Herbst zur Fortsetzung des Studiums nach München über, versehen mit einem Stipendium des Onkels Jaroslav Rilke Ritter von Rüliken.

Unter dem Einfluß der Lektüre von Friedrich Nietzsche begann Rilkes Ringen um die Wahrheit Christi.

Christi Liebesgebot – zu früh?

In dem Prosastück *Der Apostel* von 1896 setzt sich Rilke besonders intensiv mit der eigentlichen Botschaft Christi, dem Liebesgebot, auseinander.

Auf einer Wohltätigkeitsveranstaltung erhebt sich ein geheimnisvoller Fremder (»Der schwarze Herr schaute groß und ernst ins Weite«: Friedrich Nietzsche?) und führt zum Entsetzen der Teilnehmer, darunter ein katholischer Priester, aus: »*Sie* tun ein Werk der Liebe; *ich* geh in die Welt, um die Liebe zu töten. [. . .] Und wie der starke Lenzwind die Rose bricht, *die sich zu früh hervorgewagt*, so vernichte ich sie mit meinem großen, zürnenden Willen [Nietzsches ›Wille zur Macht‹?]: *denn zu früh ward uns das Gesetz der Liebe.* [. . .] Die Menschen waren unreif, als der Nazarener zu ihnen kam und ihnen die Liebe brachte. Er, in seinem lächerlich kindischen

Edelmut, glaubte ihnen ein Gutes zu tun! – Für ein Geschlecht von Giganten wäre die Liebe ein herrliches Ruhekissen, in dessen wollüstiger Weise sie neue Taten träumen dürften. Den Schwachen aber ist sie Ruin. [. . .] Ich spreche nicht von der Liebe der Geschlechter. Von der Nächstenliebe spreche ich, von Mitleid und Erbarmen, von Gnade und Nachsicht. Es giebt keine schlimmeren Gifte in unserer Seele! [. . .] Christus, was hast du getan! Mir ist, man hat uns aufgezogen, wie jene Raubtiere, denen man ihren innersten Trieb mit berechnender Klugheit genommen, damit man, wenn sie zahm geworden, ungestraft mit Knuten auf sie einhauen darf. [. . .] Und so hat man uns nackend und bloß in den Sturm des Lebens gestellt, wo die Keulenschläge des Schicksals auf- und niedersausen, – und man predigt uns: – Liebe! [. . .] und wir haben – gehorcht [. . .]. Wir haben blind und blöde diesem wahnwitzigen Befehle gehorcht. Wir haben die Dürstenden aufgesucht, die Hungernden, die Kranken, die Aussätzigen, die Schwachen, die Elenden, und – wir sind selbst dabei dürstend, hungernd, krank, elend geworden! Wir haben unser Leben hingebracht, Gefallene aufzurichten, Zweifelnden zu raten, Betrübte zu trösten, – und wir sind selbst dabei verzweifelt! – Wir haben dem, der uns Weib und Kinder gemordet, der uns den eigenen Herd mit der Axt der Zwietracht gespalten, wir haben ihm nicht den schurkischen Schädel zerschmettert, – wir haben ihm – eine Hütte erbaut, in der er friedlich erschauen kann das Ende der Tage! [. . .] Der, den sie als Messias preisen, hat die ganze Welt zum Siechenhaus gemacht. Die Schwachen, Elenden, Hinfälligen nennt er seine Kinder und Lieblinge. [. . .] Und wenn ich es in mir fühle heiß, innig und himmlisch, das stürmende Drängen nach Licht, und wenn ich mit festem Fuß den steilen, steinigen Pfad der Erreichung aufwärts steige, und wenn ich es leuchten sehe, das lodernde, göttliche Ziel, – dann soll ich mich zu dem Krüppel bücken, der am Weg zusammengesunken dahockt, soll ihn loben, aufrichten, mitschleppen und soll meine fiebernde Kraft versickern lassen in dem ohnmächtigen Kadaver, der nach wenigen Schritten doch wieder hintaumelt? [. . .] *Nie kann die stumpfe, vielsinnige Menge Träger des Fortschritts sein; nur der ›Eine‹, der Große, den der Pöbel haßt im dumpfen Instinkte eigener Kleinheit, kann den rücksichtslosen Weg seines Willens mit göttlicher Kraft und sieghaftem Lächeln wandeln.* [. . .] Der Starke nur hat Recht zu leben. Der

Starke geht – – vorwärts.... und die Reihen werden sich lichten; – aber wenige Große, Gewaltige, Göttliche werden sonnigen Auges das neue, gelobte Land erreichen. Vielleicht nach Jahrtausenden erst. – Und sie werden ein Reich bauen mit starken, sehnigen, herrischen Armen auf den Leichen der Kranken, der Schwachen, der Krüppel... Ein ewiges Reich! [...] Ich gehe in die Welt und predige den Starken: *Haß! Haß! Aberhaß!*«[2]

Der sechs Druckseiten lange Text erschien im Frühjahr 1896 in *Die Musen. Monatshefte für Production und Kritik* in Berlin. Die *Breslauer Morgenblätter* (1896, Heft 3) schrieben, daß Rilke »Nietzsches Lehren in krasser Deutlichkeit an üppiger Tafel« demonstriere. »Man muß das lesen, um an Nietzsches Übermenschen wieder einmal gründlich irre zu werden.« In einem Brief an den Schriftsteller Bodo Wildberg nannte Rilke die Erzählung »mein halb tief ernstes, halb satirisches Glaubensbekenntnis«.[3] Im Text selbst gibt es keinen Hinweis darauf, daß sich Rilke von diesem Gegenevangelium distanziert hätte.

Spätestens seit Beginn des Studiums hatte sich Rilke mit Friedrich Nietzsche auseinandergesetzt. Im ersten Teil von Nietzsches *Also sprach Zarathustra*, der 1883 erschienen war, heißt es in dem Kapitel »Von der Nächstenliebe«: »Rathe ich euch zur Nächstenliebe? Lieber noch rathe ich euch zur Nächsten-Flucht und zur Fernsten-Liebe! Höher als die Liebe zum Nächsten ist die Liebe zum Fernsten und Künftigen [...] Die Zukunft und das Fernste sei dir die Ursache deines Heute: in deinem Freunde sollst du den Übermenschen als deine Ursache lieben.«[4] Und in den nachgelassenen Schriften des *Ecce homo* stehen in dem Abschnitt »Warum ich so weise bin« die Sätze: »Die Überwindung des Mitleids rechne ich unter die *vornehmen* Tugenden: ich habe als ›Versuchung Zarathustra's‹ einen Fall gedichtet, wo ein großer Nothschrei an ihn kommt, wo das Mitleiden wie eine letzte Sünde ihn überfallen, ihn von *sich* abspenstig machen will. Hier Herr bleiben, hier die *Höhe* seiner Aufgabe rein halten von den viel niedrigeren und kurzsichtigeren Antrieben, welche in den sogenannten selbstlosen Handlungen thätig sind, das ist die Probe, die letzte Probe vielleicht, die ein Zarathustra abzulegen hat – sein eigentlicher *Beweis* von Kraft...«[5]

Der junge Rilke ging mit Nietzsche darin einig, daß er sich durch nichts, auch nicht durch die Rücksicht auf Menschen, durch Nächstenliebe und Mitleid von seinem Weg als Dichter würde abbringen lassen – auch um den Preis der Härte gegen andere, aber auch gegen sich selbst mit der Konsequenz wachsender Einsamkeit.

Doch scheint Rilke, wenn überhaupt, dann kaum für länger Nietzsches Verachtung der Schwachen und Leidenden und der tätigen Hilfe für sie geteilt zu haben. Denn in der dramatischen Szene *Die weiße Fürstin* von 1898 schildert Rilke eindringlich das Wüten der Pest und läßt die jüngere Schwester der Fürstin diese bitten:

> O laß uns helfen! Laß uns weiches Linnen
> aus deinen Schränken nehmen für die Betten,
> und was bereit war für die Wöchnerinnen
> an Binden, Hemden, Salben, Amuletten.
> Die dichten Tropfen und die leisen Öle,
> die Elixiere für das trübe Blut –
> o irgend etwas, das in ihrer Höhle
> noch niemals war und das ein Wunder tut.
> Warum geschieht kein Wunder? Daß ich wüßte,
> mit welchem Wort ich *Dich* erreichen kann:
> *Maria*! Warum rührst *Du* sie nicht an?
> Wo ist Dein Mund, der *Jesu* Wunden küßte?
> Ekelt es Dich? Und willst *Du* nicht geruhn,
> ein Wunder an den Stinkenden zu tun, –
> so tu's an mir: Gib Milch in meine Brüste,
> daß ich sie tränke...

Darauf erwidert die Fürstin: »Wir wollen das Unsrige zu dem Ihren tun. Wir wollen die Falten in ihren weichen Lagern glätten, so daß sie es hätten wie die Kinder der Reichen. Wir wollen ihnen zureden wie Tieren, daß sie sich nicht scheuen, und selbst alle Scheu verlieren ihretwegen. Ich will mich zu denen legen, die frieren. Ich will die Stirnen der Sterbenden halten. Ich will die Alten reinigen, und ihnen die Bärte über die Decken breiten. Heiter will ich zu den Kindern hinüberschauen und die Frauen erleichtern, und ihre blauen Nägel und ihr Eiter soll mich nicht schrecken. Und ich will für die Toten sorgen –«

Doch die Fürstin macht eine Einschränkung:

Von morgen an wird das mein Tagwerk sein –
und meiner langen Nächte Werk. [. . .]
Von morgen, Schwester. Heute bin ich sein,
des Kommenden.[6]

Wie bei Rilke die künstlerische Existenz, so hat hier die ersehnte Vereinigung der Liebenden, hat die Feier der Liebe und des Lebens den Vorrang gegenüber Mitleid und Nächstenliebe, doch ohne daß diese deswegen abgelehnt würden.

Rilkes radikale Abkehr von der Einstellung Nietzsches erfolgte jedoch erst durch die beiden mit Lou Andreas-Salomé unternommenen Rußlandreisen 1899 und 1900. Im »Buch von der Armut und vom Tode«, dem dritten Teil des *Stunden-Buchs*, feiert Rilke 1903 das Geheimnis der Armen, Aussätzigen und Heimatlosen: Sie sind die Zeugen eines Gottes, der sich seiner Gottheit entäußert hat und der Ärmste der Armen geworden ist. Deshalb ist jeder Frevel gegen sie ein Sakrileg.

Du bist der Arme, du der Mittellose,
du bist der Stein, der keine Stätte hat,
du bist der fortgeworfene Leprose,
der mit der Klapper umgeht vor der Stadt.[7]

So hält es dann Rilke in den *Aufzeichnungen des Malte Laurids Brigge* von 1909/10 statt mit Nietzsche mit Baudelaire und Flaubert: »Erinnerst Du Dich an Baudelaires unglaubliches Gedicht ›Une Charogne‹? Es kann sein, daß ich es jetzt verstehe. [. . .] Es war seine Aufgabe, in diesem Schrecklichen, scheinbar nur Widerwärtigen das Seiende zu sehen, das unter allem Seienden gilt. Auswahl und Ablehnung giebt es nicht. Hältst Du es für einen Zufall, daß Flaubert seinen Saint-Julien-l'Hospitalier geschrieben hat? Es kommt mir vor, als wäre das das Entscheidende: ob einer es über sich bringt, sich zu dem Aussätzigen zu legen und ihn zu erwärmen mit der Herzwärme der Liebesnächte, das kann nicht anders als gut ausgehen.«[8]

In der Aufzeichnung Maltes über seine Begegnung mit dem blinden Zeitungsverkäufer läßt Rilke Malte in dieser Elendsgestalt Gott erfahren: »Mein Gott, fiel es mir mit Ungestüm ein, so *bist* du also. Es giebt Beweise für deine Existenz. Ich habe sie alle vergessen und habe keinen je verlangt, denn welche ungeheuere Verpflichtung läge in deiner Gewißheit. Und doch, nun wird mirs gezeigt. Dieses ist dein Geschmack, hier hast du Wohlgefallen. Daß wir doch lernten, vor allem aushalten und nicht urteilen. Welche sind die schweren Dinge? Welche die gnädigen? Du allein weißt es.«

Obwohl Malte Gottes Vorliebe für die Armen erkannt hat, fällt es ihm schwer, ihm auf diesem Weg nachzufolgen. »Ich habe nicht das Herz zu ihrem Leben«, meint er. Und doch: »Vielleicht meinst du, mein Gott, daß ich alles lassen soll und sie lieben. Oder warum wird es mir so schwer, ihnen nicht nachzugehen, wenn sie mich überholen?«[9]

In dem Berner Taschenbuch, in dem Rilke Maltes *Aufzeichnungen* notierte, findet sich eine eindrucksvolle Passage, die nicht in das endgültige Manuskript eingegangen ist: »O ihr alle, für die es jetzt zu spät ist: ich nehme euch zusammen in meinem Herzen, wo ihr auch seid. Ihr Untermiether in Hinterhäusern und Zwischengeschossen, die ihr euch jetzt häuft in den hohlen Verschlägen, [...] um den kleinen rostigen Ofen, der zwischen euch steht, still wie der Tod und euch versucht, – euch will ichs gestehen, daß die glänzenden Könige, an die ich stundenlang geglaubt habe draußen in den Parken, dahin sind, wie Einfälle.«[10]

Rilke beließ es nicht bei den literarischen Bekenntnissen. Im Sommer 1911 holte er in Paris die siebzehnjährige Marthe Hennebert von der Straße und sorgte in den nächsten Jahren für ihre Ausbildung.

Die Unwahrheit der Christusbilder

Am 1. Februar 1898 erschien in der *Wiener Rundschau* Rilkes Artikel *Uhde's Christus*, den er im Dezember des Vorjahres geschrieben hatte. Er bezieht sich auf das Bild *Christi Himmelfahrt*, das Friedrich Karl Uhde (1848-1911) in der VII. Internationalen Kunstausstellung im Königlichen Glaspalast von München 1897 ausgestellt hatte. Anlaß für Rilkes sarkastischen Text war, wie er eingangs schreibt, im Sommer 1897 die Nachricht in mehreren Zeitungen: »Die Münchener Pinakothek wird Uhde's ›Himmelfahrt‹ ankaufen, nachdem der

Künstler sich entschlossen hat, einige Änderungen am Bilde vorzunehmen.«

Rilke, der den Künstler im November 1896 in seinem Atelier besucht und dessen Kinderbilder und die *Himmelfahrt* in ihrer Erstfassung bewundert hatte, war entsetzt. Ursprünglich zeigte sich das Wunder der Himmelfahrt nur in der Reaktion der Zeugen: »Muß da dieses Wunderbare für andere auch sichtbar sein? *Ist* es nicht, wenn es in so vielen Augen sich spiegelt, wenn so viele Lippen es bekennen und wenn alle Hände ihm nachsehen. Ich will es beschwören, es war etwas vor dieser Menge. Etwas außer der grauen von irren Kohlenstrichen durchkreuzten Leinwand, welche über den prächtig bewegten Menschen sich leer ausdehnte. Später malte Herr v. Uhde leider etwas anderes in diesen Raum, was gar nichts mit der Gruppe zu tun hatte und nannte es aus alter Gewohnheit – Christus. Ja, das macht die Gewohnheit. Wenn man schon einmal Christusmaler ist, darf man das Publikum nicht enttäuschen. Wie die anderen aus diesem Gefühl heraus ihr ›jährliches Drama‹ schreiben, so muß man seinen ›jährlichen‹ Christus malen. Und als Belohnung für Fleiß und Beharrlichkeit kauft ein königliches Institut endlich aus der Wahl von Erlösern einen an. Und zwar den offiziellsten: die Himmelfahrt. Und nun ganz aufrichtig: das Wenigste, was man von einem königlich sanktionierten Christus verlangen muß, ist, daß er fliegen kann.«

Rilke prangert hier gleich mehreres an: Die Charakterlosigkeit des Künstlers, der sein künstlerisches Credo, nach Rilke die göttliche Inspiration, um des äußeren Erfolges willen verrät; die Diktatur des christlichen Dogmas, das jede innovative Interpretation abwehrt (hier die Himmelfahrt Christi nicht als objektivierbares äußeres Geschehen, sondern als Ereignis der Innenwelt der Menschen, als Wunder des Glaubens); schließlich die Diktatur der öffentlichen Meinung in der Allianz von Monarchie, Kirche und Publikum, die dafür Sorge trägt, daß alles »im gewohnten Kostüm und Gehaben« bleibt.

Für Rilke war durch diesen Skandal um das Himmelfahrtsbild »die Unwahrheit und Unaufrichtigkeit« auch der anderen Christusbilder Uhdes offenbar geworden, der Kinderbilder, selbst wenn er scheinbar dort »den neuen Typus des ›modernen‹ Christus« geschaffen hatte. »Einen Vater ihnen zu schenken ohne die Sorgen, ohne das Alter und ohne den Zorn des Vaters, kurz, eine Erfüllung für die tiefsten und heimlichsten Sehnsuchten der kleinen, erwachenden Seelen. Und dies zu können, brauchte der liebevolle Versteher nur in den Herzen seiner Lieblinge zu lesen und ihnen aus den gläubigen Augen das Bild ihres Entzückens zu holen und getreu, Strich für Strich nachzuzeichnen. So hat er damals getan, und es wurde eine Gestalt der Liebe und des Erbarmens, eine lichte, wartende Zuflucht dieses ganzen Kinderschwarms. Daß dann später der konventionelle Glaube des Herrn v. Uhde nachdenklich vor diesem trauten Kinderfreund zögerte und ihn ›Jesus‹ nannte, hat mit der Sache so wenig zu tun als eben der zufällige Name mit der Wesenheit. Aber dem Publikum war es die Hauptsache, denn es fand die Sensation gerade darin. Das war ein Christus nicht im gewohnten Kostüm und Gehaben, er war aber auch nicht aus dem Heute, er war einfach – zeitlos. [...] So hatte Herr v. Uhde ganz ohne Absicht mit einem Schlag den neuen Typus des ›modernen‹ Christus geschaffen, den man nun von ihm verlangte in allen Nuancen und Verhältnissen.«[11]

Rilke, dem es nicht um Namen, sondern um das Wesen ging, protestierte hier gegen die Gewohnheit des traditionellen Christentums, das Wesen des Menschlichen, das Diesseits, im Namen Christi, des Jenseits, zu entwerten.

Nietzsche hatte es 1889 in der *Götzen-Dämmerung* drastisch formuliert: »Das ›Jenseits‹ selbst – wozu ein Jenseits, wenn es nicht ein Mittel wäre, das Diesseits zu beschmutzen.«[12]

Noch in Rilkes fiktivem *Brief des jungen Arbeiters* von 1922 geht es um dieses Mißverständnis des konventionellen Christentums von Christus als dem Entwerter des Diesseits und um die Konsequenzen dieser falschen Religion, um die skrupellose Ausbeutung der in dieser Sicht wertlosen Erde: »Sie lassen sich nicht vor Eifer, das Hiesige, zu dem wir doch Lust und Vertrauen haben sollten, schlecht und wertlos zu machen, – und so liefern sie die Erde immer mehr denjenigen aus, die sich bereit finden, aus ihr, der verfehlten und verdächtigten, die doch zu Besserm nicht tauge, wenigstens einen zeitlichen, rasch ersprießlichen Vorteil zu ziehn. Diese zunehmende Ausbeutung des Lebens, ist sie nicht eine Folge, der durch die Jahrhunderte fortgesetzten Entwertung des Hiesigen? Welcher Wahnsinn, uns nach einem Jenseits abzulenken, wo wir hier von Aufgaben und Erwartungen und Zukünften umstellt sind. Welcher Betrug, Bilder hiesigen

Entzückens zu entwenden, um sie hinter unserm Rücken an den Himmel zu verkaufen!«[13]

Die Christus-Visionen, *erste Folge*

Einen Höhepunkt der Auseinandersetzung Rilkes mit dem traditionellen Christusbild stellen die *Christus-Visionen* dar. Die ersten acht dieser Erzählgedichte entstanden 1896/97 in München und waren für die Zeitschrift *Die Gesellschaft* gedacht. 1898 kamen weitere drei hinzu. Doch Rilke hielt die Veröffentlichung des Zyklus zurück. Er erschien erst nach Rilkes Tod, zunächst nur in Auszügen 1937/38, vollständig 1959 in den *Sämtlichen Werken.*

In den *Christus-Visionen* projiziert Rilke seine Probleme mit dem Christentum, das einen jenseitigen Gott predigt und in Christus den ins Jenseits entrückten Sohn Gottes sieht, auf diesen, indem er ihn über seine menschlichen Züge in den Evangelien hinaus noch mehr »Mensch« sein läßt. Rilke versetzt ihn in die Gegenwart als Kinderfreund, als närrischen Vater, als ohnmächtig Liebenden, als Ewigen Juden, als unerlöst Gekreuzigten, als trunkenen Liebhaber, als Lehrer der Vergänglichkeit und als von Jehova Enttäuschten. Doch indem Rilke den Gottessohn des christlichen Glaubens radikal und bis ans Blasphemische grenzend zum Menschensohn macht, offenbart sich paradoxerweise das Diesseitige, das Menschliche als Erscheinungsweise eines Göttlichen, dem Anbetung gebührt, wie es in der siebten Vision heißt:

> Und dieses Knien schien weit hinauszuwachsen
> vorbei an Christo und weit über ihn . . .[14]

Der durch die traditionellen jenseitigen Gottesbilder getäuschte und enttäuschte Jesus ist dann freilich nicht mehr imstande, die Menschen, vor allem die Kinder, auf den Himmel zu vertrösten.

In Rilkes erster *Christus-Vision*, »Die Waise«, bringt ein Kind, das seine Mutter verloren hat, den unbekannten grauen Mann (Jesus) durch seine Frage in Verlegenheit:

Da ist der Kleinen wieder bang. Ihr nagts
am Herzen wieder wie ein wildes Weh,
sie schmiegt sich näher in des Grauen Näh:
»Nichtwahr, du weißt es auch, im Himmel seh
ich wieder sie – nichtwahr – der Pfarrer sagts?«
Das Wort verweht, ein leises Heimchen geigt,
die Kleine horcht, ein weißer Falter reigt,
die Kleine horcht, aus fernen Hütten steigt
ein Zitterrauch... Der große Graue schweigt.[15]

In der zweiten Vision, »Der Narr«, ist Jesus, »der Mann am Kreuz«, ein Vater, der sich nach der Liebe eines Kindes sehnt und darin selig ist.

Und da hebt der Fremde das Kind empor.
Seine Stimme ist wie ein Vogelchor
der sich tief in erblühtem Jasmin verlor:
»Sag mir einmal das Wort noch vor!«
»Was?«
»Das.«
»Papa?«
»Ja.«
Und sein *Ja* ist ein jubelnder Siegessang.
Er küßt dem Kinde die Stirne lang,
er küßt dem Kinde die Augen blank;
sein Kuß ist Liebe, sein Kuß ist Dank.
Und er stellt das Kind wieder leis auf die Steine
und spricht: »Ich kann dir nichts geben, Kleine –«
Ein müdes Lächeln nur wirft er ihm zu:
»Ich bin ja viel ärmer als du....«
Es war ein Weinen, wie er das sprach.
Und er winkt noch einmal leis mit der Hand
und geht. Er geht durch das heiße Land
wie ein Bettler im schlotternden Lodengewand
und doch wie ein König so stolz und groß.
Und sie haben ihn immer ›der Narr‹ genannt.
Und Anna steht lange, wie traumgebannt

staunt sie ihm nach,
dann stürmt sie nach Hause atemlos. –

Der Mutter Alles zu sagen, sie scheuts.
Doch plötzlich sagt sie beim Schlafengehn:
»Du, Mutter, ich hab einen Mann gesehn,
der war – wie der Mann am Kreuz. . . .«[16]

In der dritten Vision, »Die Kinder«, wird Jesus von ihnen zunächst so verehrt, wie sie es von ihren Eltern gelernt haben, als das »Erbarme«, das »im Sonnenuntergang« wohnt und den »guten Kindern« »in die Träume« kommt. Doch Jesus muß sie enttäuschen:

Ihr wollt ins Leben, und das bin ich nicht,
ihr müßt ins Dunkel, und ich bin das Licht,
ihr hofft die Freude, ich bin der Verzicht,
ihr sehnt das Glück und – ich bin das Gericht.

Und er fordert sie auf, sich von ihm zu verabschieden und auf die Ankunft eines neuen Gottes zu warten:

Gebt mir die Hand, schenkt mir [im] Weitergehn
noch einen Blick, der schon ins Leben tauchte,
aus dem der neue und noch niegebrauchte
Gott seine Hände euch entgegenhält.
Ihr dürft hinaus. Es wartet eine Welt.[17]

Auch in der vierten Vision, »Der Maler«, korrigiert Rilke das traditionelle Christusbild, das aus dem Gekreuzigten den Christus der Kreuzzüge gemacht hat. In Wahrheit offenbart sich das Göttliche in Knechtsgestalt und in der Liebe zu den Schwachen, zu den Kindern, nicht im Ringen um irdische Macht und Herrlichkeit, wie der Pöbel es möchte und der Maler es gestaltet, indem er seinen Kinderglauben verleugnet.

»Warum malst du mich *so*?«
»Bin ich denn *so* an deinem Bett gesessen,

wenn deine Furcht aus Kinderfiebern schrie,
und in dem Mahnen der Marienmessen –
war *das* die Miene, die dir Mut verlieh?
Und dann – am Grabe deiner Mutter – wie
entstieg ich da den zitternden Zypressen?
Hast du im Weiterschreiten mich vergessen,
und meine Züge, warum malst du sie?«
[. . .]
»Ich trank mir nicht den Adel aus dem Schwamme,
als König kürte ich mir ein Geschlecht,
und erst im Sterben ward ich Knecht.
Da ward ich – Gott. Und nur der niegewußte
Gott könnte groß sein, der nicht folgen mußte
dem ungestümen Ruf der Menge, die
ihn brünstig brauchte. Doch in wahngeblähter
Beharrlichkeit langt früher oder später
der Pöbel alle Götter aus dem Äther,
und in den bangen Blicken ihrer Beter
zerschmelzen sie.«
[. . .]
Aber der Maler hörte noch Worte, –
milde Worte wehten von weit
nicht aus der Zeit:
». . . In gleichem Harm und in gleichen Hemden
will ich frierend mit Freunden gehn,
aber vor den Seelenfremden
will ich festlich und fürstlich stehn:
Mal mich im Purpur dieses Blutes,
das wund von Wehen und Wundern war,
und mit der Mitra meines Mutes
hülle mir mein armes Haar.
Und alles Leuchten der Liebe – legs
an den Rand meiner Hände,
daß ich den Himmel ganz verschwende
an alle Kinder – unterwegs. . . .«[18]

Die fünfte Vision, »Jahrmarkt«, spielt auf dem Oktoberfest in München. In einem Wachsfigurenkabinett mit dem »Leben Jesu Christi und seinem Leiden« scheint es dem Dichter, als blicke ihn der Gekreuzigte an und beklage sein Schicksal als »Ewiger Jude«, der durch die kirchliche Lehre vom Opfertod als Sündenstrafe und von der Auferstehung als Entrückung – Dogmen, die im Abendmahlsritus ständig vergegenwärtigt werden – keine Ruhe findet und unerlöst und ohnmächtig alles Sterben in dieser Welt vergiftet.

Das ist mein Fluch.
Seit mich, von ihrem eitlen Glaubensprahlen
betört, die Jünger aus dem Grabe stahlen,
giebts keine Grube mehr, die mich behält.
[...]
Von Kreuz zu Kreuze muß ich Buße zahlen:
wo sie ein Querholz in [den] Boden pfahlen,
dort muß ich hin auf blutigen Sandalen
und bin der Sklave meiner alten Qualen,
mir wachsen Nägel aus den Wundenmalen
und die Minuten pressen mich ans Kreuz.

So leb ich, ewig sterbend, meines Heuts
maßlose Reue. Krank und lang entkräftet,
da in der Kirche Kälte festgeheftet,
dort in dem Prunk profaner Jahrmarktsbuden;
ohnmächtig heut und doch gebetumschmachtet,
ohnmächtig morgen und dabei verachtet,
ohnmächtig ewig in der Sonnenhelle
des Kreuzwegs wie im Frieren der Kapelle.
So treib ich wie ein welkes Blatt umher.
Kennst du die Sage von dem Ewigen Juden?
Ich selbst bin jener alte Ahasver,
der täglich stirbt um täglich neu zu leben;
mein Sehnen ist ein nächtig-weites Meer,
ich kann ihm Marken nicht noch Morgen geben.
Das ist die Rache derer, die verdarben
an meinem Wort. Die opfernd für mich starben,

sie drängen hinter mir in weiten Reihn.
Horch! Ihre Schritte! – Horch! Ihr kreischend Schrein...

Doch eine große Rache nenn ich mein:
Ich weiß, bei jedem neuen Herbste warben
die Menschen um den Saft, den feuerfarben
die roten Reben ihrer Freude leihn.
Mein Blut fließt ewig aus den Nagelnarben,
und alle glauben es: mein Blut ist Wein,
und trinken Gift und Glut in sich hinein...[19]

Konsequenterweise läßt Rilke in »Die Nacht«, der sechsten seiner Visionen, Jesus als trunkenen Liebhaber in den Armen einer Dirne den kirchlichen Glauben an Christus als den Sohn Gottes zurückweisen:

Da fährt der blasse Mann aus schlaffer Ruh
und raunt dem müden Weibe glühend: »Du«,
er lauscht umher –, »ich muß dir etwas sagen.
Sie kamen einst mich bei Gericht verklagen.
Der Richter rief. Das war ein seltsam Fragen:
Ich hörs noch immer: *Bist du Gottes Sohn*?
Ich kann nicht mehr begreifen dieses Sinns,
doch damals ließ ich schelten mich und schlagen
und dachte, aufgehetzt durch ihren Hohn,
es muß mein Stolz bis an die Sterne ragen.
Ich schrie sie an: *Was wollt ihr? Ja, ich bins.*
Zu meines Vaters Rechten ist mein Thron!
Was lachst du, Weib? So spei mir ins Gesicht,
ich weiß es, ich verdiene deinen Spott.
Und meine Reue. Nein, ich bin es nicht,
ich bin kein Gott!...«
»Du kannst nicht viel vertragen,
mein Lieber. Welch ein drolliges Gegirr.
Kaum wirbelt noch ein Glas dir aus dem Magen
zu Herz und Hirn, schon sprichst du wahn und wirr.–
Nein, nein, du bist nicht Gott, mach dir nicht Sorgen,
und niemand wird dich so verklagen. Nein.«[20]

In der siebten Vision läßt Rilke Jesus, seiner Gottessohnschaft ledig, in dem sterbenden Venedig die Lehre der Vergänglichkeit verkünden, und die kommende Leere der christlichen Gotteshäuser kündigt sich an. Doch das ist nicht das Ende der Religiosität. Die Menschen werden weiter beten »vorbei an Christus«.

> Vor seiner eignen Lehre war ihm bang:
> vor jener Lehre der Vergänglichkeiten.
> Sie wuchs um ihn in säulenstarrem Hohne:
> so wächst der Zorn dem rachegieren Sohne,
> der aus des greisen Vaters feiger Frohne
> zu eignem Wort und eignem Weh sich wand.
> [. . .]
> »Ja, Herr«, spricht jetzt der Doge und entfaltet
> die Hände nicht. »Des Todes Ohnmacht waltet
> mit tausend tiefen Schauern über uns.
> Und deine Glocken locken lauten Munds.
> Du giebst noch immer große, reiche Feste
> und machst, daß deine gernbereiten Gäste
> in deinen Hallen Elend und Gebreste
> vergessen und wie Kinder selig sind.
> Und jedes Volk, das gerne noch als Kind
> sich fühlen mag, folgt in die Prachtpaläste
> die du ihm aufgetan und betet blind.
> Doch ich bin alt. Ich seh die Zeiten rollen
> bis in den Tag, da keine Völker mehr
> wie Kinder sein und Kinder spielen wollen;
> denn mögen alle deine Glocken grollen,
> dann bleibt auch dein Palast für ewig leer.«
> Der Alte schwieg. Wie betend blieb er knien.
> Sternknospen sprangen an den Himmelsachsen.
> Und dieses Knien schien weit hinauszuwachsen
> vorbei an Christo und weit über ihn . . .[21]

In der achten und vorerst letzten *Christus-Vision* vom Sommer 1897 klagt Jesus, der Jude, auf dem alten Judenfriedhof in Prag vor Jehowa, dem Gott des Judentums, daß dieser ihn als Offenbarer eines falschen, weil jenseitigen Gottesbildes mißbraucht habe. Doch der Himmel ist »leer«. Die Anklage steigert sich zum Zweifel Jesu an der Existenz eines Gottes überhaupt: Rilkes radikalste Entmythologisierung der Christusgestalt.

Bei Liwas Grabe taucht
jetzt langsam Jesus auf. Der arme Jude,
nicht der Erlöser, lächelnd und erlaucht.
Sein Aug ist voll von tausend Schmerzensnächten,
und seine schmale blasse Lippe haucht:
»Jehova – weh, wie hast du mich mißbraucht,
hier wo der treuste ruht von deinen Knechten,
hier will ich, greiser Gott, jetzt mit dir rechten! –
Denn um mit dir zu kämpfen kam ich her.
Wer hat dir Alles denn gegeben, wer? –
Der Alten Lehre hatte mancher Speer
aus Feindeshand ein blutend Mal geschlagen, –
da brachte ich mein Glauben und mein Wagen,
da ließ ich neu dein stolzes Gottbild ragen
und gab ihm neue Züge, rein und hehr.
Und in der Menschen irres Wahngewimmel
warf deinen Namen ich – das große »*Er*«.
Und dann von tausend Erdensorgen schwer
stieg meine Seele in den hohen Himmel,
und meine Seele fror; denn er war *leer.*
So warst du niemals – oder warst nicht mehr,
als ich Unsel'ger auf die Erde kam.
Was kümmerte mich auch der Menschheit Gram,
wenn du, der Gott, die Menschen nicht mehr scharst
um deinen Thron. – Wenn gläubiges Gefleh
nur Irrsinn ist, du nie dich offenbarst,
weil du nicht bist. – Einst wähnt' ich, ich gesteh,
ich sei [die] Stimme deiner Weltidee......
Mein Alles war mir, Vater, deine Näh...
Du Grausamer, und wenn du niemals warst,
so hätte meine Liebe und mein Weh
dich schaffen müssen bei Gethsemane.«

[...]
Es legt ein Reif sich auf den nächtgen Mai.
Ein schwarzer Falter zieht im Flug vorbei
und er sieht Christum einsam knien und weinen.[22]

Lou Andreas-Salomé und Friedrich Nietzsche

Während der Arbeit an den *Christus-Visionen*, in denen der Jude Jesus keine geringe Rolle spielt, kam es am 12. Mai 1897 zur Begegnung mit Lou Andreas-Salomé und durch sie zur tieferen Auseinandersetzung mit Nietzsche und den Gottesbildern. Nicht zuletzt durch Lous lebenslanges Interesse an der Gottesfrage wurde sie zur wichtigsten Frau im Leben Rilkes: Gottsucherin, Geliebte, mütterliche Freundin und Therapeutin.

Anlaß der Begegnung war Lous Aufsatz »Jesus der Jude«, wie Rilke in seinem ersten Brief an sie vom 13. Mai berichtet: »Gnädigste Frau, es war nicht die erste Dämmerstunde gestern, die ich mit Ihnen verbringen durfte. Da gibts in meiner Erinnerung eine, die mich arg verlangen machte, Ihnen ins Auge zu sehen. Es war im Winter und mein ganzes Sinnen und Streben, das der Frühlingswind in tausend Weiten weht, war in die enge Stube und die stille Arbeit gezwängt. Da kam mir, von Dr. Conrad gesandt, das Aprilheft 96 der ›*Neuen Deutschen Rundschau*‹. Ein Brief Conrads verwies mich auf einen drin befindlichen Essay ›*Jesus der Jude*‹. Warum? Dr. Conrad hatte damals ein paar Theile meiner ›*Christus-Visionen*‹ (fünf sollen demnächst in der ›Gesellschaft‹ erscheinen) gelesen und muthmaßte, daß mich jene geistvolle Abhandlung interessiren dürfte. Er hat sich getäuscht. Nicht Interesse war es, was mich tiefer und tiefer in diese Offenbarung führte, ein gläubiges Vertrauen ging mir auf dem ernsten Wege voran, und endlich wars wie ein Jubel in mir, das, was meine Traumepen in *Visionen* geben, mit der gigantischen Wucht einer heiligen Überzeugung so meisterhaft klar ausgesprochen zu finden. Das war die seltsame Dämmerstunde, deren ich gestern wieder gedenken mußte.

Sehen Sie, gnädigste Frau, durch diese eherne Kargheit, durch die schonungslose Kraft Ihrer Worte empfing mein Werk in meinem Gefühl eine Weihe, eine Sanktion. Mir war wie einem, dem große Träume in Erfüllung gehen mit ihrem Guten und Bösen; denn Ihr *Essay* verhielt sich zu meinen Gedichten wie Traum zu Wirklichkeit wie ein Wunsch zur Erfüllung. [...]

Mir ist immer: Wenn ein Mensch einem andern für etwas sehr Theures zu danken hat, soll dieser Dank ein Geheimnis bleiben zwischen den Beiden.

Vielleicht ist mir einmal vergönnt Ihnen eine oder die andere der genannten *Visionen*, soweit sie augenblicks abschriftlich bei mir liegen, vorzulesen. Ich weiß mir keine tiefere Freude.«[23] Wer war diese außergewöhnliche Frau, der sich Rilke zu so großem Dank verpflichtet sah? Die 1861 in St. Petersburg geborene Tochter des Kavalleristen Gustav von Salomé, dessen Vorfahren, französische Hugenotten, aus dem Baltikum stammten und der nach zwanzig Jahren im russischen Staats- und Militärdienst den erblichen Adel erwarb, hatte wie Rilke schon früh ihren Kinderglauben verloren. 1880 begann sie in Zürich das Studium der Theologie und Kunstgeschichte, getrieben von der Suche nach dem Sinn des Lebens.

1882 lernte sie auf einem Erholungsaufenthalt in Rom Malwida von Meysenburg kennen, die Freundin von Nietzsche und Wagner, und durch sie den zwölf Jahre älteren Philosophen Paul Rée, den engsten Freund Nietzsches, und diesen selbst.

Der achtunddreißigjährige Nietzsche erkannte in der ungewöhnlich begabten zwanzigjährigen Lou sein »Geschwistergehirn«, wie er ihr am 16. September 1882 schrieb: »Meine liebe Lou, Ihr Gedanke einer Reduktion der philosophischen Systeme auf Personal-Acten ihrer Urheber ist recht ein Gedanke aus dem ›Geschwistergehirn‹: ich selber habe in Basel in *diesem* Sinne Geschichte der alten Philosophie erzählt und sagte meinen Zuhörern: ›dies System ist widerlegt und todt – aber die *Person* dahinter ist unwiderlegbar, die Person ist gar nicht todt zu machen‹ – zum Beispiel Plato.«[24] Nietzsche und Rée, beide von Lou fasziniert, planten zusammen mit ihr einen Studienaufenthalt in Wien, der jedoch wegen der Rivalität zwischen Rée und Nietzsche um die Gunst Lous scheiterte. Sie gab Rée den Vorzug. Nietzsche verarbeitete die »Personal-Acte« Lou, indem er im November 1882 nach Italien reiste und *Also sprach Zarathustra* schrieb. Das Kapitel »Kind und Ehe« beschließt er mit den Worten: »Bitterniss ist im Kelch auch der besten Liebe: so macht sie Sehnsucht zum Übermenschen, so macht sie Durst dir, dem Schaffenden!«[25] Lou ging mit Rèe nach Berlin und nach Gries-Meran, wo Rée über *Die Entstehung des Gewissens* schrieb und Lou ihren ersten Roman, *Im Kampf um Gott*. Er erschien 1885 unter dem Pseudonym Henri Lou. Darin gesteht der Held Kuno, wie Nietzsche Sohn eines protestantischen Pfarrers: »In keiner Periode meines Lebens gingen Glauben und Denken Hand in Hand, keine Periode, in welcher nicht der Schauplatz ihres Zusammentreffens zum Kriegsschauplatz wurde. [...] Ich verlor meinen Gott, sobald ich den Gott meiner Kindheit, d.h. den ganz aus mir heraus selbstgeschaffenen Gott, verlor.« Konnte es »ein größeres Verbrechen, eine furchtbarere Tat für mich geben als die freventliche Gottesentfremdung, ja gleichsam den Mord Gottes im eigenen Bewußtsein?«[26] 1887 heiratete die sechsundzwanzigjährige Lou den fünfzehn Jahre älteren Orientalisten Friedrich Carl Andreas. Doch jeder führte sein bisheriges Leben weiter. Lou reiste viel und ging ihrer Schriftstellerei nach.

In rascher Folge erschienen Romane und Abhandlungen, so *Hendrik Ibsens Frauengestalten* (1892) und vor allem das aufsehenerregende Buch *Friedrich Nietzsche in seinen Werken* (1894), worin sie aus ihrer Bekanntschaft mit dem 1889 zusammengebrochenen Philosophen schöpfte. Sie sah in ihm, so ihre »Reduktion« des Werkes auf seinen »Urheber«, das gescheiterte religiöse Genie. »Von allen großen Geistesanlagen Nietzsches gibt es keine, die tiefer und unerbittlicher mit seinem geistigen Gesamtorganismus verbunden gewesen wäre, als sein religiöses Genie. [...] Deshalb liegen in dem gewaltigen religiösen Affect, aus dem ganz allein bei Nietzsche alle Erkenntnis hervorgeht, unlöslich in einen Knoten verschlungen: *eigne Aufopferung* und *eigne Apotheose*, Grausamkeit der eignen *Vernichtung* und Wollust der eignen *Vergötterung*, leidvolles Siechen und siegende Genesung, glühender Rausch und kühle Bewußtheit. Man fühlt hier die enge Verknüpfung der Gegensätze, die einander unaufhörlich bedingen: man fühlt das Ueberschäumen und freiwillige Hinabstürzen der aufs Höchste erregten und gespannten Kräfte ins Chaotische, Dunkle, Schauerliche, und dann wieder aus diesem heraus ein Drängen ins Lichte, Zarteste [...] – ein Chaos, das den Gott gebären möchte, – gebären muß.«[27] Auch in zahlreichen Zeitschriftenaufsätzen behandelte Lou die Gottesfrage, so in »Der Realismus in der Religion« (1891), »Gottesschöpfung« (1892), »Harnack und das Apostolicum« (1892), »Ideal und Askese« (1893), »Von der Bestie zu Gott« (1894), »Probleme des Islam« (1894), »Vom Ursprung des Christentums« (1895).

Es war, wie aus Rilkes Brief an Lou hervorgeht, ihr Aufsatz »Jesus der Jude« in Band 7 der *Neuen Deutschen Rundschau* (1896), der seine bisherigen religiösen Ahnungen und Erfahrungen bestätigte: daß es gelte, das Göttliche im Diesseits zu suchen und zu vollenden und sich nicht auf ein Jenseits vertrösten zu lassen. Das sei auch der ursprüngliche Glaube des Judentums, weshalb Rilke die jüdische Bibel, das Alte Testament, dem christlichen Neuen Testament vorzog.

So heißt es denn bei Lou in »Jesus der Jude«: »Die himmlischen Güter des Jenseits spielten bei den Juden keine Rolle, da sie innerhalb ihrer eigenen Religion niemals selbständig eine Jenseitslehre ausgebaut hatten.« Deshalb lehnte das Judentum im Gegensatz zum Heidentum auch den christlichen Auferstehungsglauben ab. »Das Heidentum seinerseits bemächtigte sich der neuen *Thatsache* [. . .], daß da ein Mensch [Jesus] auferstanden war, der (in der paulinischen Lehre) Erlösung und Seligkeit verkündete. Durch das ganze Heidenthum ging ja schon ein Bestreben, sich, auf dem Wege der Grübelei und Askese, einen sicheren Jenseitsglauben zu schaffen [. . .]. Diese eklektische Entstehung des Christentums, der urchristlichen Theologie, mit ihrem neuen Himmelsgott Jesus in der Mitte, hat keine Aehnlichkeit mit dem innern, höchsten Seelenprozeß, in dem ein einzelnes religiöses Genie seine Gottoffenbarung empfängt und verkündet. [. . .] Die Noth der rathlos gewordenen Völker hat das Christentum in's Leben gerufen, und weil sie dasselbe *brauchten*, haben sie sogar aus dem leidenden, geschmähten Märtyrer Jesus dessen strahlendsten Mittelpunkt zu machen verstanden: die mystische Verknüpfung der tiefsten Erniedrigung mit der höchsten Erhöhung. [. . .] So ist Jesu Kreuzesbild stehen geblieben in dieser triumphirenden christlichen Glaubenswelt, und erinnert uns daran, daß es immer nur der Einzelne, der große Einzelne ist, der die Spitzen der Religion, ihre echte Seligkeit und ihre volle Tragik, erreicht. Was er dort oben erlebt, erfährt die Menge unten nicht; sein tragisches Ende, sein tragisches Erkennen bleiben so heimlich und individuell, wie seine Beseligung und

Gotteinheit es waren, und entziehen sich der Geschichte. In das Triumphgeschrei des kompakten und nützlichen Glaubens, der für Alle ist, klingt immer nur ganz – ganz leise und schmerzlich das letzte Wort der Religiosität, die nur hier und da für einen armen Einsamen ist, – der sie zu tief durchkostete: ›Eli! Eli! lama sabachthani!‹ [Mein Gott! Mein Gott! Warum hast Du mich verlassen? Markusevangelium 15, 34; Matthäusevangelium 27, 46]«[28]

Lous Christusbild von 1896, das sich wie dasjenige Rilkes auf den von Gott verlassenen Jesus, der gerade darin Vorbildcharakter für die modernen Gottsucher hat, konzentriert, erinnert an Nietzsches Schrift *Der Antichrist. Fluch auf das Christentum*, die ein Jahr vorher, 1895, erstmals veröffentlicht worden war. Darin heißt es unter der Nr. 35: »Dieser ›frohe Botschafter‹ starb wie er lebte, wie er *lehrte* –, *nicht* um ›die Menschen zu erlösen‹, sondern um zu zeigen, wie man zu leben hat. Die *Praktik* ist es, welche er der Menschheit hinterliess: sein Verhalten vor den Richtern, vor den Häschern, vor den Anklägern und aller Art Verleumdung und Hohn, – sein Verhalten am *Kreuz*. Er widersteht nicht, er vertheidigt nicht sein Recht, er thut keinen Schritt, der das Äusserste von ihm abwehrt, mehr noch, *er fordert es heraus* ... Und er bittet, er leidet, er liebt *mit* denen, *in* denen, die ihm Böses thun ... Die Worte zum *Schächer* am Kreuz enthalten das ganze Evangelium. ›Das ist wahrlich ein *göttlicher* Mensch gewesen, ein Kind Gottes‹ sagt der Schächer. ›Wenn du dies fühlst – antwortet der Erlöser – *so bist du im Paradiese*, so bist auch du ein Kind Gottes ...‹ *Nicht* sich wehren, *nicht* zürnen, *nicht* verantwortlich-machen ... Sondern auch nicht dem Bösen widerstehen, – ihn *lieben* ...«[29] In Nr. 39 schreibt Nietzsche weiter: »Ich kehre zurück, ich erzähle die *echte* Geschichte des Christenthums. – Das Wort schon ›Christenthum‹ ist ein Missverständniss –, im Grunde gab es nur Einen Christen, und der starb am Kreuz. Das ›Evangelium‹ *starb* am Kreuz. Was von diesem Augenblick an ›Evangelium‹ heisst, war bereits der Gegensatz dessen, was *er* gelebt: eine ›*schlimme* Botschaft‹, ein *Dysangelium*. Es ist falsch bis zum Unsinn, wenn man in einem ›Glauben‹, etwa im Glauben an die Erlösung durch Christus das Abzeichen des Christen sieht: bloss die christliche *Praktik*, ein Leben so wie der, der am Kreuz starb, es *lebte*, ist christlich ... Heute noch ist ein *solches* Leben möglich, für *gewisse* Menschen sogar nothwendig: das echte, das ursprüngliche Christenthum wird zu allen Zeiten möglich sein... *Nicht* ein Glauben, sondern ein Thun, ein Vieles-*nicht*-thun vor allem, ein andres *Sein*...«[30]

Rilkes Auseinandersetzung mit Christus, dem Christentum und mit Religion überhaupt bleibt ohne seine Begegnung mit Nietzsche und Lou Andreas-Salomé unverständlich.

Die Christus-Visionen, *zweite Folge*

In den drei *Christus-Visionen* der zweiten Folge aus dem Jahre 1898 setzt Rilke die Neuinterpretation der traditionellen Christusgestalt im Geiste Lous und Nietzsches fort.

In der ersten Vision erlebt der von seiner dogmatisch verordneten Erlöser- und Opferrolle ermattete Jesus in der vernachlässigten und ruinösen »Kirche von Nago« am Gardasee seine Neugeburt zum armen Bruder aller.

> Das war die Heimkehr eines Ermatteten,
> der viel geirrt,
> und niemehr Hirt
> und dunkel aller Beschatteten
> Bruder wird.
> [...]
> Der Müde oben tritt tastend ein.
> Die Kirche ist schwarz, und das Dunkel ist klein
> und wird erst langsam den Blicken weit.
> Der Einsame bringt die Ewigkeit
> mit in die Mauern und breitet sie aus
> mit segnenden Händen –
> Da durchweht von den Wänden
> lebendige Wärme das Haus.
> Und jetzt erst erkennt er: die Kirche log.
> Wo der Altar war, da ist neu
> eine Krippe gezimmert: Scheu
> umdrängen drei Kühe den Trog
> [...]

Und der Bleiche bleibt einsam an seinem Rand,
bleibt knien.
Und es weht wie aus einer Wiege warm
um ihn.
Und er ist wie ein König aus Morgenland –
nur ganz arm.[31]

In der zweiten Vision ist Jesus ein »blinder Knabe«, der den Himmel schon in sich trägt, während die Menschen um ihn herum ihn bedauern und den Himmel im Jenseits suchen.

An allen Türen blieb der blinde Knabe,
auf den der Mutter bleiche Schönheit schien,
und sang das Lied, das ihm sein Leid verliehn:
»O hab mich lieb, weil ich den Himmel habe.«
Und alle weinten über ihn.
[...]
Und allen Kindern kam ein Traurigsein.
Sie mußten immer an den Blinden denken
und wollten etwas seiner Armut weihn;
er nahm sie lächelnd an den Handgelenken
und sang: »Ich selbst bin kommen euch beschenken.«
[...]
Und alle Mädchen wurden blaß und bang.
Und waren wie die Mutter dieses Knaben,
der immer noch in ihren Nächten sang.
Und fürchteten: wir werden Kinder haben, –
und alle Mütter waren krank..[32]

In der letzten der *Christus-Visionen* mit der Überschrift »Die Nonne« stellt Rilke zwei Ordensschwestern gegenüber: Die eine rühmt sich ihrer mystischen Hochzeit mit dem himmlischen Bräutigam, die andere kehrt zu ihrem irdischen Geliebten zurück, ohne den Segen der ersteren, deren Hände leer sind und sich auch nach irdischer Liebe sehnen.

»Und Nächte giebt es, da die blasse Scham
entflieht,
da schenkt sich Jesus wie ein Lied
mir hin,
und meine Seele sieht,
daß ich ein Wunder bin,
das ihm geschieht.«
[...]
Da neigten die Mädchen sich Leib an Leib:
Es war, als ob derselbe Sturm sie streifte
und sie umwob
und dann die Blonde hob
in einen Sommer hoch, darin sie reifte
zum Weib.

Denn sie küßte die Schwester mit fremdem Kuß
und lächelte fremd: »Vergieb, – ich muß. –
Weißt du noch von dem blonden Gespielen?
Und wir warfen nach weißen Zielen
schlanke Speere im alten Park:
Der ist jetzt stark.«

Und da hielt die Nonne die Schwester nicht –
sah der Schwester nicht ins Gesicht,
ließ sie ganz langsam los,
wurde groß...

Die Blonde erschrak; denn kein Segen kam,
und bange bat sie: »So bist du mir gram?«
Die Heilige träumte: Ich hab dich lieb.

Und hielt der Schwester die Hände her,
leer, –
als flehte sie: gieb.[33]

Vielleicht war dieses gemeinsame religiöse Band, das die *Visionen* zwischen Rilke und Lou und dem in Wahnsinn gefallenen Nietzsche knüpften, einer der Gründe dafür, daß Rilke sie nicht zur Veröffentlichung freigab. Am 9. Februar 1899 schrieb er an Wilhelm von Scholz, der sie für einen Zeitschriftenabdruck haben wollte: »Ich habe viele Ursachen, die Christus-Bilder zu verschweigen – lang-lange noch. Sie sind das Werdende, das mich begleitet lebenentlang. Darum verzeih, wenn ich Deinem Wunsche nicht nachgebe.«[34] In Rilkes weiterer Korrespondenz mit Lou werden die *Visionen* gelegentlich erwähnt, und am 14. Juli 1913 bestätigte sie ihm deren andauernde Bedeutung für sein Werk: »Ja, die Christusvisionen (hab ich) gelesen [. . .] und ganz wunderbare Zusammenhänge sind mir dran zum erstenmal aufgegangen. Im Einzelnen brieflich so schwer zu sagen! Im Ton stehn sie so weitab von den beiden jetzigen, letzten, – doch wie alles was Du geschaffen einheitlich bewegt zwischen diesen vergangenen Christusvisionen und den kommenden Engelvisionen [die *Duineser Elegien*]. Wie eine große Landschaft breitet es sich nun vor mir aus, überall Wege weisend die ich noch nie überblickte, und sich gegen Horizonte verlierend denen man ansieht, daß sie sich öffnen werden, weil das Licht von dorther über die Landschaft hingeht, und weil es ein morgendliches ist.«[35] Lou war bis an ihr Lebensende auf der Suche nach Gott. Doch im Grunde ihres Herzens wußte sie, daß sie Gott nicht suchen mußte, weil er sie längst gefunden hatte. So wie Kinder wissen, daß sie in Gott geborgen sind. In Lous Buch *Die Stunde ohne Gott und andere Kindergeschichten* von 1922, dem Jahr, in dem Rilke seine *Duineser Elegien* vollendete, heißt es: »Ursulas Umsichselbsthüpfen stockt –. Sie bleibt stille stehn, das Gesicht in die Sonne gehoben. [. . .] Das ist etwas, um das alles Getier und Gewächs um sie sich wohl nicht sorgt. Keiner von ihnen hat was verloren, denn ganz gewiß fiel keinem von ihnen ein, nach dem lieben Gott zu suchen. Aber können sie so vergnügt vor lauter Leben nicht nur deshalb sein, weil er aus ihrem gar nicht fortging? Ist Sommerwerden nicht vielleicht grade das, daß er sich so ganz zu allem wieder hinfindet? Braucht man ihn vielleicht nicht zu suchen, ist es an ihm: zu finden? [. . .] Ihr Kindergesicht erstrahlt in lauter Schalk: in Erwartung dessen, der sie gleich, – jetzt gleich – zu finden wissen wird. Zu finden in Schlaf oder im Wachen, zu finden, wo immer sie sei. Mit dem Ruf der Liebe, die nach ihr sucht, geht Gottes Stimme durch den stillen Garten: – ›Ursula, – wo bist du?‹«[36]

In ihrer bei Eugen Diederichs in Jena erschienenen dramatischen Dichtung *Der Teufel und seine Großmutter* wagte sich Lou im selben Jahr 1922 auch an das Problem des Bösen in der Welt. Darin fällt selbst der Teufel nicht aus Gottes Welt, sondern als ältester Sohn Gottes erlöst er die Menschen und den göttlichen Vater dadurch, daß er alle Schuld auf sich nimmt, sich selbst richtet und stirbt – eine Anspielung auf Christi Kreuzestod. Lou läßt den Teufel sagen:

> Ihr Berge! Seht mir zu: seht, Satan stirbt!
> Gottvaters Ältester, von höchstem Adel, –
> Beinah noch mehr als Gott: sein Heimlichstes,
> Intimstes, dessen Gott sich bang entäußert.
> Der Vater steht in Scham vor seinem Sohn:
> »Laß gut sein, lieber Vater« sagt der Sohn ihm,
> »Habt Ihr mich angeschwärzt, so tu ich *mehr*:
> *Mich richt' ich*, – daß Ihr nicht gerichtet werdet!«[37]

Lous »Teufel« erinnert an den verlorenen Sohn in dem biblischen Gleichnis Jesu, wovon sie Rilke am 16. März 1924 schrieb und worin sie »Neurosen« als religiöse »Wertzeichen« interpretiert – Rilke zum Trost, war doch auch er in seinem Werk, in den *Christus-Visionen* und in den *Aufzeichnungen des Malte Laurids Brigge* von 1910, an deren Ende auch er auf den »verlorenen Sohn« zu sprechen kommt, »bis an sein Äußerstes« gegangen. »Himmel und Hölle sind garnicht *zwei* Örter. Weißt Du, das ist auch eine Erkenntnis deren Kommen mir mächtig war in den letzten Jahren: daß alle Neurose ein Wertzeichen ist, daß sie bedeutet: hier wollte Jemand bis an sein Äußerstes, – *darum* entgleiste er eher als Andere, – sie, die Gesundgebliebenen, waren gegen ihn einfach die Vorliebnehmenden; sein edelster Anspruch macht ihn unter ihnen klein. Wird er gesund, so steht er auf einem ragendern *niveau* als wie wenn er gesund geblieben wäre.«[38]

Daß ich hätte beten mögen zu Dir: Lou Andreas-Salomé

Lou war nicht nur Rilkes Gefährtin und Wegweiserin auf seiner Gottsuche, sie war auch seine große Liebe und dadurch ganz im Sinne ihrer Religion des Diesseits eine Offenbarung des sich vor allem in der Liebe offenbarenden Göttlichen. Durch sie sollte Rilke unter Schmerzen für sein Leben lernen, eine »Geliebte« von einer »Liebenden« zu unterscheiden, »aus sich hinauszulieben ohne Erwiderung«, wie es im *Malte Laurids Brigge* heißt.[39]

Nach einer jugendlichen »albernen Liebelei« 1892, die Rilke gegenüber seiner Mutter bereute – »Gottlob, daß ich mich von den Fesseln dieses Verhältnisses frei fühle«[40] – und nach seiner Freundschaft mit Valerie David von Rhonfeld, die von 1893 bis 1895 dauerte – »Liebe Vally, Dank für das Geschenk der Freiheit«[41] – stand Rilkes eigentliche Erweckung und Befreiung durch eine ganzheitliche, Leib, Seele und Intellekt umfassende Liebe erst noch bevor.

Wieviel Rilke der großen Liebe zu Lou in den folgenden drei Jahren und der andauernden Freundschaft mit ihr bis an sein Lebensende zu danken hatte, blieb kein Geheimnis zwischen den beiden. Lou wurde für ihn »das Erlösen«, wie es in dem Gedichtzyklus *Dir zur Feier*, der auf Bitten Lous zu Rilkes Lebzeiten nicht veröffentlicht wurde, heißt:

Nun fort von allen vielen,
welche das Leben spielen:
Das war mein blindes Zielen,
war ohne Sinn und Saum.
Jetzt weiß ich: Dir entgegen
trieb ich auf tausend Wegen
am Tage und im Traum.

Und du bist das Erlösen,
nach welchem ich in bösen,
bangen Fiebern schrie;
im Dicherkennen sanken
meine reisigen reifsten Gedanken
wie Kinder in die Knie.[42]

Die religiöse Wortwahl »Erlösen« und »in die Knie Gehen« ist nicht zufällig. In der Liebe zu Lou begegnete Rilke dem Göttlichen auf eine so unvergleichliche Weise, daß er nicht davor zurückschreckte, Lou selbst gleichsam zu vergöttlichen, so in einem Brief vom 8. Juni 1897: »Ich hab dich nie anders gesehen, als so, daß ich hätte beten mögen zu Dir. Ich habe Dich nie anders gehört, als so, daß ich hätte glauben mögen an Dich. Ich hab Dich nie anders ersehnt, als so, daß ich hätte leiden mögen um Dich. Ich habe Dich nie anders begehrt, als so, daß ich hätte knien dürfen vor Dir.«[43] Auch für Lou – mit Männern nicht unerfahren, auch wenn es den Anschein hat, daß sie vor Rilke keinem mit Leib und Seele angehört hatte, was vermutlich Nietzsche in den Wahnsinn und seinen Freund Paul Rée in den Selbstmord trieb sowie ihren Mann Andreas in die Resignation – war die Begegnung mit Rilke eine Erfahrung, wie sie es nie zuvor erlebt hatte.

In ihrem »Lebensrückblick« schrieb sie: »War ich jahrlang Deine Frau, so deshalb, weil Du mir das erstmalig Wirkliche gewesen bist, Leib und Mensch ununterscheidbar eins, unbezweifelbarer Tatbestand des Lebens selbst. Wortwörtlich hätte ich Dir bekennen können, was Du gesagt hast als Dein Liebesbekenntnis: ›Du allein bist wirklich.‹ Darin wurden wir Gatten, noch ehe wir Freunde geworden, und befreundet wurden wir kaum aus Wahl, sondern aus ebenso untergründlich vollzogenen Vermählungen. Nicht zwei Hälften suchten sich in uns: die überraschte Ganzheit erkannte sich erschauernd an unfaßlicher Ganzheit. So waren wir denn Geschwister – doch wie aus Vorzeiten, bevor Geschwisterehe zum Sakrileg geworden.«[44] Wirklichkeit und Ganzheit über die Zweisamkeit hinaus: Rilke hat diese Erfahrungen in *Dir zur Feier* besungen:

Einmal, am Rande des Hains
stehn wir einsam beisammen
und sind festlich, wie Flammen –
fühlen: *Alles ist Eins.*

Halten uns fest umfaßt:
werden im lauschenden Lande
durch die weichen Gewande
wachsen wie Ast an Ast.

Wiegt ein erwachender Hauch
die Dolden des Oleanders:
sieh, wir sind nicht mehr anders,
und wir wiegen uns auch.[45]

Daß Rilkes Gedicht »Lösch mir die Augen aus«, das laut Lou im Sommer 1897 in Wolfratshausen während der hohen Zeit ihrer Liebe entstanden war und an sie gerichtet ist, sich im zweiten Teil des *Stunden-Buchs*, wo Rilke es auf ihre Bitte hin aufnahm, an Gott wendet,[46] ist voll tiefer Wahrheit. Lou und Rilke empfanden es nicht als Blasphemie, sondern als die eigentliche Wirklichkeit ihrer Liebe: Sie waren füreinander eine Offenbarung Gottes. Sie liebten Gott nicht *hinter*, sondern *in* einander. Deshalb war Rilkes bedingungslose Hingabe an Lou zugleich seine Hingabe an Gott.

Lösch mir die Augen aus: ich kann dich sehn,
wirf mir die Ohren zu: ich kann dich hören,
und ohne Füße kann ich zu dir gehn,
und ohne Mund noch kann ich dich beschwören.
Brich mir die Arme ab, ich fasse dich
mit meinem Herzen wie mit einer Hand,
halt mir das Herz zu, und mein Hirn wird schlagen,
und wirfst du in mein Hirn den Brand,
so werd ich dich auf meinem Blute tragen.[47]

Die Nähe Gottes in der zwischenmenschlichen Liebe, wie er sie mit Lou erfahren hatte, suchte Rilke dann sein Leben lang immer wieder. Oft wurde er enttäuscht, wenn die Begegnungen nicht mehr die Intensität erreichten wie mit Lou in den vier Jahren ihrer Liebesbeziehung und der Überstieg von dem »transitiven Geliebtwerden« zum »intransitiven Lieben«, wie ihn Rilke in den letzten *Aufzeichnungen des Malte Laurids Brigge* beschrieben hat, nicht oder nur annähernd gelingen wollte.

So scheiterte seine Ehe mit der Bildhauerin Clara Westhoff, die er 1901 panikartig geheiratet hatte, an den Verpflichtungen, die Ehe und Familie – 1901 wurde die Tochter Ruth geboren – mit sich brachten und durch die sich Rilke – seine Frau empfand ähnlich – in seiner

Entfaltung als Künstler behindert fühlte, weshalb sie in gegenseitigem Einvernehmen mehr oder weniger ihre eigenen Wege gingen.

Gegenüber der Malerin Paula Becker, Claras Freundin, die statt Rilke den Maler Otto Modersohn geheiratet hatte, mit ihm unglücklich wurde und im Kindbett starb, warnte Rilke vor einer durch das Christentum verbreiteten oberflächlichen Identifizierung des Menschlichen mit dem Göttlichen: »Für junge Menschen [. . .] ist Christus eine große Gefahr, der Allzunahe, der Verdecker Gottes. Sie gewöhnen sich daran, mit den Maßen des Menschlichen Göttliches zu suchen. Sie verwöhnen sich am Menschlichen und erfrieren später in der herben Hochluft der Ewigkeit. Sie irren zwischen Christus, den Marien und den Heiligen umher: sie verlieren sich unter Gestalten und Stimmen . . . Sie bescheiden sich und müßten unbescheiden sein, um Gott zu haben.«[48]

4. Die Vollendung Gottes durch den Menschen

Laß deine Hand am Hang der Himmel ruhn
und dulde stumm, was wir dir dunkel tun.[1]

Durch Lou Andreas-Salomé lernte Rilke nicht nur die große Liebe kennen, sondern auch Rußland, das Land des unvollendeten Gottes. Vom 14. April bis zum 18. Juni 1899 bereiste Rilke mit dem Ehepaar Andreas-Salomé von Berlin aus Warschau, Moskau, Petersburg, Moskau und wieder Petersburg. Nach intensiven Studien der russischen Sprache und Kultur fand vom 7. Mai bis zum 24. August 1900 in Begleitung von Lou allein die zweite Rußlandreise statt.

An Emil Faktor, den Redakteur der *Bohemia*, heißt es am 3. Juni 1899: »Ich bin seit fünf Wochen in Rußland und wie in der Heimat meiner leisesten Wünsche und meiner dunkelsten Gedanken. In Moskau merkte ich es zuerst: Dieses ist das Land des unvollendeten Gottes, und aus allen Gebärden des Volkes strömt die Wärme seines Werdens wie ein unendlicher Segen aus.«

Was Rußland für Rilke bedeutete, beschreibt er am 9. Juni 1899 in Petersburg gegenüber Jelena Woronina, die er 1898 in Viareggio kennengelernt hatte und der er jetzt in Petersburg mehrmals begegnet war: »Ich fühle, daß die russischen Dinge die besten Bilder und Namen für meine persönlichen Gefühle und Geständnisse sind. Und daß ich mit ihnen – sobald ich sie nur gründlich erfaßt habe – alles aussprechen werde, was in meiner Kunst nach Klang und Klarheit drängt.«

Da war zunächst die innige und lebendige Beziehung der Kunst zur Religion, eine Beziehung, die ihm für sein eigenes Schaffen zum Vorbild werden sollte. »Nach meiner Rückkehr von Moskau [nach Petersburg] kam ein großer Fleiß über mich und eine große Einsamkeit«, berichtet er Jelena zu Eingang des Briefes. »Ich vertiefte mich in allerlei Mappen, besah alte russische Heiligenbilder, studierte die Darstellung Christi in der russ. Kirche und die Madonnen.« Er besuchte die Kunstakademie und studierte kunstgeschichtliche Werke. »Ich kann Ihnen versichern, daß das Studium dieser russischen Dinge die *dauernde* Beschäftigung für mich bleiben wird, zu der ich aus allen Zerstreuungen und Versuchen zurückkehren – am liebsten möchte ich sagen: heimkehren werde. Dafür ist das Russische so geeignet. Es ist die letzte, heimlichste Stube im Herzen Gottes. Seine schönsten Schätze sind darin. Und sie liegen nicht verstaubt und müßig herum – sie sind alle im Gebrauch jener tiefen Frömmigkeit, aus welcher heraus Wunder und Werke kamen seit Anbeginn.«[2]

Was Rilkes Gottesbild betrifft, so entdeckte er nach seinem Aufenthalt in Florenz nun in Rußland erneut und endgültig Gott als den »unvollendeten«, den zu vergegenwärtigen und immer mehr zu vollenden die eigentliche Aufgabe der Kunst sei. Der wichtigste Niederschlag dieser für Rilke zentralen Religions- und Kunstauffassung findet sich im *Stunden-Buch*, das 1905 erschien und zu Rilkes Lebzeiten eine Gesamtauflage von fast 60000 Exemplaren erreichte, und in den *Geschichten vom lieben Gott*. Der Erstdruck 1900 trug den Titel »Vom lieben Gott und Anderes. An Große für Kinder erzählt«. Das Werk erreichte bis 1924 eine Auflage von 36000 Exemplaren.

Gott wieder suchen

Der ersten Rußlandreise war für Rilke im April/Mai 1898 auf Initiative Lous, doch ohne sie, eine Reise in die Toskana, nach Florenz und Viareggio, vorausgegangen. Es wurde eine Suche nach Gott. Angesichts der Zeugnisse der italienischen Renaissance war Rilke immer mehr von der Verbindung von Religion und Kunst und von der Vollendung Gottes durch den Menschen, vorzüglich den Künstler, überzeugt. Das *Florenzer Tagebuch*, das Rilke für Lou führte, beginnt mit zwei programmatischen Gedichten unter der Überschrift »Renaissance«. Im zweiten vom 19. April aus San Domenico bei Fiesole heißt es:

> Da war der Glaube nicht das Traumvertrauen,
> das alle feig die Finger falten hieß, –
> und war ein Lauschen, und die Liebe ließ
> sie Bilder beten und Gebete bauen.

Empfand ein Einsamer: ihm wurde weit, –
so stieg er nieder in sein stilles Keimen,
und seine Freude fand den Gott bereit;
er holte aus dem Zweifel den Geheimen
und hob ihn zitternd in die Herrlichkeit.[3]

In Florenz versuchte Rilke auch, die gegenwärtige Situation des Religiösen zu orten, indem er für die Religionen einen wiederkehrenden Zyklus zu erkennen glaubte. »Es wechseln immer wieder drei Generationen. Eine findet den Gott, die zweite wölbt den engen Tempel über ihn und fesselt ihn so, und die dritte verarmt und holt Stein um Stein aus dem Gottesbau, um damit notdürftig kärgliche Hütten zu bauen. Und dann kommt eine, die den Gott wieder suchen muß; und einer solchen haben diese angehört: Dante und Botticelli und Fra Bartolome.«[4] Rilke war überzeugt, daß im Abendland nach den Perioden des Urchristentums, des Mittelalters und der Aufklärung, diese jeweils im weitesten Sinne und idealtypisch verstanden, jetzt die Zeit einer zweiten Renaissance, einer erneuten Gottsuche begonnen habe, vor allem in Rußland, und daß er dazugehörte.

So schreibt er am 7. Juni 1899 gegen Ende der ersten Rußlandreise an die Schriftstellerin und Afrikareisende Freiin Frieda von Bülow, eine Freundin Lous: »Ich empfinde meinen Aufenthalt in Rußland als eine seltsame Ergänzung jenes Florentiner Frühlings [...]. Eine freundliche Fügung hat mich zum nächsten Dinge geführt, weiter in die Tiefe, in die größere Einfachheit und zu der schöneren Einfalt hin. Florenz scheint mir jetzt als eine Art Vorbildung und Vorbereitung für Moskau, und ich bin dankbar dafür, daß ich Fra Angelico habe sehn dürfen vor den Bettlern und Betern der iberischen Madonna, die alle mit der gleichen knieenden Kraft ihren Gott erschaffen, immer und immer wieder, ihn mit ihrem Leid und mit ihrer Freude (kleinen, unbestimmten Gefühlen) beschenken und bezeichnen, ihn morgens heben mit dem Augenlid und ihn abends ruhig loslassen, wenn die Ermüdung ihre Gebete wie Rosenkranzschnüre zerreißt. [...] Und ich fühle in diesen Tagen, daß mir *russische* Dinge die Namen schenken werden für jene fürchtigsten Frömmigkeiten meines Wesens, die sich, seit der Kindheit schon, danach sehnen, in meine Kunst einzutreten!«[5] Das dritte Gedicht im *Stunden-Buch* schlägt die Brücke von der hellen italienischen Renaissance zum gegenwärtigen dunklen Rußland, denn es ist ein russischer, Ikonen malender Mönch, dem Rilke die Texte im »Buch vom mönchischen Leben«, dem ersten Teil des *Stunden-Buchs*, in den Mund legt.

> Ich habe viele Brüder in Sutanen
> im Süden, wo in Klöstern Lorbeer steht.
> Ich weiß, wie menschlich sie Madonnen planen,
> und träume oft von jungen Tizianen,
> durch die der Gott in Gluten geht.
>
> Doch wie ich mich auch in mich selber neige:
> *Mein* Gott ist dunkel und wie ein Gewebe
> von hundert Wurzeln, welche schweigsam trinken.
> Nur, daß ich mich aus *seiner* Wärme hebe,
> mehr weiß ich nicht, weil alle meine Zweige
> tief unten ruhn und nur im Winde winken.[6]

In einer der *Geschichten vom lieben Gott*, in dem »Märchen vom Tod«, erzählt Rilke, warum er seinen Gott nicht mehr in der Helle südlicher Klöster findet, sondern im Dunkel seines Herzens suchen muß. »Als Gott [. . .] auf die Erde niederblickte, erschrak er. Neben den vielen gefalteten Händen hatte man viele gotische Kirchen gebaut, und so streckten sich ihm die Hände und die Dächer, gleich steil und scharf, wie feindliche Waffen entgegen. Bei Gott ist eine *andere* Tapferkeit. Er kehrte in seine Himmel zurück, und als er merkte, daß die Türme und die neuen Gebete hinter ihm her wuchsen, da ging er auf der anderen Seite aus seinen Himmeln hinaus und entzog sich so der Verfolgung. Er war selbst überrascht, jenseits von seiner strahlenden Heimat ein beginnendes Dunkel zu finden, das ihn schweigend empfing, und er ging mit einem seltsamen Gefühl immer weiter in dieser Dämmerung, welche ihn an die Herzen der Menschen erinnerte. Da fiel es ihm zuerst ein, daß die Köpfe der Menschen licht, ihre Herzen aber voll eines ähnlichen Dunkels sind, und eine Sehnsucht überkam ihn, in den Herzen der Menschen zu wohnen und nicht mehr durch das klare, kalte Wachsein ihrer Gedanken zu gehen. Nun, Gott hat seinen Weg fortgesetzt. Immer dichter wird um ihn die

Dunkelheit, und die Nacht, durch die er sich drängt, hat etwas von der duftenden Wärme fruchtbarer Schollen.«[7]

Das ist die Ausgangssituation für die neue Generation der Gottsucher und auch für Rilke: Sie können nicht die traditionellen Gottesbilder früherer Epochen, die des Mittelalters und auch nicht die der Renaissance, sowie die ihnen zugrunde liegenden Dogmen einfach übernehmen und zum tausendsten Mal darstellen. Sie müssen stattdessen ihren Gott, den sie dunkel verspüren, neu entdecken, auch auf die Gefahr hin, als vermessen und stolz zu gelten.

Ich glaube an Alles noch nie Gesagte.
Ich will meine frömmsten Gefühle befrein.
Was noch keiner zu wollen wagte,
wird mir einmal unwillkürlich sein.

Ist das vermessen, mein Gott, vergieb.
Aber ich will dir damit nur sagen:
Meine beste Kraft soll sein wie ein Trieb,
so ohne Zürnen und ohne Zagen;
so haben dich ja die Kinder lieb.

Mit diesem Hinfluten, mit diesem Münden
in breiten Armen ins offene Meer,
mit dieser wachsenden Wiederkehr
will ich dich bekennen, will ich dich verkünden
wie keiner vorher.

Und ist das Hoffahrt, so laß mich hoffährtig sein
für mein Gebet,
das so ernst und allein
vor deiner wolkigen Stirne steht.[8]

Wir bauen Bilder vor dir auf wie Wände

Was Rilke in Rußland mehr noch als in Florenz beeindruckte, war die religiöse Bilderwelt der Ikonen. Indem Rilke darüber reflektierte, gelangte er am Beispiel Rußlands zu grundlegenden Einsichten über das Verhältnis der Volksfrömmigkeit zur religiösen Kunst und zum Künstler, so in seinem Essay *Russische Kunst* von 1900, der am 19. Oktober 1901 in der Wiener Wochenschrift *Die Zeit* erschien: »Wir haben es hier mit einem vorgiottesken Volke zu tun, dessen alle Erlebnisse religiöser Natur sind und so stark, daß sie uns in verdunkelten byzantinischen Bildern eine Schönheit erkennen lassen, welche diese handwerksmäßigen Kopien griechischer Mönche vom Athos niemals besaßen. Was im höchsten Sinne von jedem Kunstwerke gilt, dem Fühlenden gegenüber: daß es nur eine Möglichkeit ist, der Raum, in welchem der Schauende wiederschaffen muß, was der Künstler zuerst geschaffen hat, das erfüllt sich im Rahmen dieser Bilder durch die Frömmigkeit derjenigen, die davor beten. Unzählige Madonnen schaut das Volk in die hohlen Ikonen hinein, und seine schöpferische Sehnsucht belebt beständig mit milden Gesichtern die leeren Ovale. Hier muß der Künstler einsetzen, indem er, ohne an der gewohnten Form zu rühren, innerhalb der goldenen Krusten die Visionen des Volkes erfüllt; und indem er ihm Gelegenheit giebt, auch über diese neuen Bildinhalte hinaus zu träumen, hat er Aussicht von Schönheit zu Schönheit aufzusteigen und dabei das ganze Volk mitzuerheben in die reifen Wirklichkeiten seiner Seele.«[9] Dieser Aufstieg des Künstlers und des Volkes zu immer gültigeren religiösen Bildern ist ein dauernder Balanceakt zwischen Tradition und Fortschritt, immer in Gefahr, in verkrusteten Konservatismus oder in eigenmächtigen Mystizismus zu verfallen. Daher die Warnung im *Stunden-Buch* angesichts eines Madonnenbildes:

> Wir dürfen dich nicht eigenmächtig malen,
> du Dämmernde, aus der der Morgen stieg.
> Wir holen aus den alten Farbenschalen
> die gleichen Striche und die gleichen Strahlen,
> mit denen dich der Heilige verschwieg.

Wir bauen Bilder vor dir auf wie Wände;
so daß schon tausend Mauern um dich stehn.
Denn dich verhüllen unsre frommen Hände,
sooft dich unsre Herzen offen sehn.[10]

Dabei war sich Rilke bewußt, daß die Wirklichkeit Gottes nicht im Jenseits, sondern im Diesseits, in unmittelbarer Nachbarschaft des Menschen, zu suchen und zu finden ist. Vor dieser unheimlichen Nähe des Göttlichen schützt er sich durch seine Gottesbilder. Sie bilden ähnlich der Ikonostase, der dreitürigen Bilderwand in den orthodoxen Kirchen, eine Scheidewand zwischen dem Göttlichen und dem Profanen, und nur dem Priester ist der Zutritt zum Allerheiligsten erlaubt. Doch Rilke weiß: Es gibt Augenblicke, in denen die Wirklichkeit Gottes im eigenen Herzen entbrennt und alle Bilder und Namen Gottes Schall und Rauch sind. Doch diese Augenblicke sind selten, und ihr Glanz erlöscht in den Rahmen der traditionellen Gottesbilder, wenn die Aufmerksamkeit von Herz und Sinn erlahmt.

Nur eine schmale Wand ist zwischen uns,
durch Zufall; denn es könnte sein:
ein Rufen deines oder meines Munds –
und sie bricht ein
ganz ohne Lärm und Laut.

Aus deinen Bildern ist sie aufgebaut.

Und deine Bilder stehn vor dir wie Namen.
Und wenn einmal das Licht in mir entbrennt,
mit welchem meine Tiefe dich erkennt,
vergeudet sichs als Glanz auf ihren Rahmen.

Und meine Sinne, welche schnell erlahmen,
sind ohne Heimat und von dir getrennt.[11]

Was wirst du tun, Gott, wenn ich sterbe?

Die erste Strophe des zuletzt zitierten Gedichts aus dem *Stunden-Buch* handelt von einer der zentralen religiösen Überzeugungen, die Rilke vor allem in Rußland gewann: von der Ohnmacht Gottes und seiner Abhängigkeit vom Menschen.

Du, Nachbar Gott, wenn ich dich manchesmal
in langer Nacht mit hartem Klopfen störe, –
so ists, weil ich dich selten atmen höre
und weiß: Du bist allein im Saal.
Und wenn du etwas brauchst, ist keiner da,
um deinem Tasten einen Trank zu reichen:
Ich horche immer. Gieb ein kleines Zeichen.
Ich bin ganz nah.[12]

Dabei teilt Gott das Los der Armen, der unbewußt Wissenden, der Bittenden und Bangen, der Gezwungenen, der Letzten, der Bauern, wie sie Rilke in Rußland erlebt hat:

Du bist der raunende Verrußte,
auf allen Öfen schläfst du breit.
Das Wissen ist nur in der Zeit.
Du bist der dunkle Unbewußte
von Ewigkeit zu Ewigkeit.

Du bist der Bittende und Bange,
der aller Dinge Sinn beschwert.
Du bist die Silbe im Gesange,
die immer zitternder im Zwange
der starken Stimmen wiederkehrt.

Du hast dich anders nie gelehrt:

Denn du bist nicht der Schönumscharte,
um welchen sich der Reichtum reiht.

Du bist der Schlichte, welcher sparte.
Du bist der Bauer mit dem Barte
von Ewigkeit zu Ewigkeit.[13]

Wenn sich Gott so abhängig gemacht hat von den Menschen, wenn er auf sie angewiesen ist, damit er in dieser Welt eine Chance hat, wenn es vor allem die Künstler und Dichter sind, in deren Händen sein Bild und sein Wort liegen, dann überfällt den Dichter-Mönch Rilke Bangigkeit angesichts der eigenen Unzulänglichkeit und Sterblichkeit:

Was wirst du tun, Gott, wenn ich sterbe?
Ich bin dein Krug (wenn ich zerscherbe?)
Ich bin dein Trank (wenn ich verderbe?)
Bin dein Gewand und dein Gewerbe,
mit mir verlierst du deinen Sinn.

Nach mir hast du kein Haus, darin
dich Worte, nah und warm, begrüßen.
Es fällt von deinen müden Füßen
die Samtsandale, die ich bin.

Dein großer Mantel läßt dich los.
Dein Blick, den ich mit meiner Wange
warm, wie mit einem Pfühl, empfange,
wird kommen, wird mich suchen, lange –
und legt beim Sonnenuntergange
sich fremden Steinen in den Schoß.

Was wirst du tun, Gott? Ich bin bange.[14]

Wer ist im Stein?

Die Ohnmacht Gottes ist die Herausforderung an den Menschen, Gott den Raum zu geben, den er braucht, damit sich seine Wirklichkeit in der Welt entfalten und vollenden kann. Gott wartet darauf, von den Menschen befreit zu werden, vorzüglich durch die Künstler.

In den *Geschichten vom lieben Gott* beschreibt Rilke unter der Überschrift »Von einem, der die Steine belauscht«, wie Michelangelo Gott aus dem Stein befreite. Es ist einer der Schlüsseltexte zu Rilkes Gottesbild. »Die Himmel hatten sich in ihrer ganzen Breite über Italien aufgetan, so daß Raffael in Rom auf den Knien lag, und der selige Fra Angelico von Fiesole stand in einer Wolke und freute sich über ihn. Viele Gebete waren zu dieser Stunde von der Erde unterwegs. Gott aber erkannte nur eines: die Kraft Michelangelos stieg wie Duft von Weinbergen zu ihm empor. Und er duldete, daß sie seine Gedanken erfüllte. Er neigte sich tiefer, fand den schaffenden Mann, sah über seine Schultern fort auf die am Steine horchenden Hände und erschrak: sollten in den Steinen auch Seelen sein? Warum belauschte dieser Mann die Steine? Und nun erwachten ihm die Hände und wühlten den Stein auf wie ein Grab, darin eine schwache, sterbende Stimme flackert: ›Michelangelo‹, rief Gott in Bangigkeit: ›wer ist im Stein?‹ Michelangelo horchte auf; seine Hände zitterten. Dann antwortete er dumpf: ›Du, mein Gott, wer denn sonst. Aber ich kann nicht zu dir.‹ Und da fühlte Gott, daß er auch im *Steine* sei, und es wurde ihm ängstlich und enge. Der ganze Himmel war nur ein Stein, und er war mitten drin eingeschlossen und hoffte auf die Hände Michelangelos, die ihn befreien würden, und er hörte sie kommen, aber noch weit. [...] Von vielen dunklen Plänen erfüllt, ging er [Michelangelo] nach seinen Marmorbrüchen. [...] Umrahmt von Oliven und welkem Gestein erschienen die frisch gebrochenen Flächen wie ein großes blasses Gesicht unter alterndem Haar. Lange stand Michelangelo vor seiner verhüllten Stirne. Plötzlich bemerkte er darunter zwei riesige Augen aus Stein, welche ihn betrachteten. Und Michelangelo fühlte seine Gestalt wachsen unter dem Einfluß dieses Blickes. Jetzt ragte auch er über dem Land, und es war ihm, als ob er von Ewigkeit her diesem Berg brüderlich gegenüberstände. [...] näher und verwandter zeigte sich das Felsengesicht unter seinen weißen steinernen Schleiern. Es hatte einen wartenden Ausdruck, reglos und doch am Rande der Bewegung. Michelangelo dachte nach: ›Man kann dich nicht zerschlagen, du bist ja nur Eines‹, und dann hob er seine Stimme: ›Dich will ich vollenden, du bist mein Werk‹. Und er wandte sich nach Florenz zurück. [...] Er flüchtete in den Saal und von da in die niedere, kaum zwei Schritte lange Kammer, darin er zu schreiben pflegte. Ihre Wände legten sich an ihn, und es war, als kämpften sie mit seinen Übermaßen und zwängten ihn zurück in die alte, enge Gestalt. Und er duldete es. Er drückte sich in die Knie und ließ sich formen von ihnen. Er fühlte eine nie gekannte Demut in sich und hatte selbst den Wunsch, irgendwie klein zu sein. Und eine Stimme kam: ›Michelangelo, wer ist in dir?‹ Und der Mann in der schmalen Kammer legte die Stirn schwer in die Hände und sagte leise: ›Du mein Gott, wer denn sonst.‹ Und da wurde es weit um Gott, und er hob sein Gesicht, welches über Italien war, frei empor und schaute um sich: In Mänteln und Mitren standen die Heiligen da, und die Engel gingen mit ihren Gesängen wie mit Krügen voll glänzenden Quells unter den dürstenden Sternen umher, und es war der Himmel kein Ende.«[15]

»Vollenden« ist auch im *Stunden-Buch* das Stichwort, das Rilkes künftiges Schaffen prägen wird. Indem der Mensch, vor allem der Künstler, durch sein Werk Vollendetes schafft, vollendet er dadurch sich selbst und Gott. Dabei schafft er nicht aus dem Nichts heraus, sondern er bringt zur Entfaltung, was als Gottes sanftes Gesetz bereits in seiner Lebenswirklichkeit wirksam ist. Voraussetzung dafür ist: Aufmerksamkeit für die mystische Anwesenheit des Göttlichen in allem, Liebe zu seiner Sanftheit und die Absage an Macht und Gewalt.

Ich liebe dich, du sanftestes Gesetz,
an dem wir reiften, da wir mit ihm rangen;
du großes Heimweh, das wir nicht bezwangen,
du Wald, aus dem wir nie hinausgegangen,
du Lied, das wir mit jedem Schweigen sangen,
du dunkles Netz,
darin sich flüchtend die Gefühle fangen.

Du hast dich so unendlich groß begonnen
an jenem Tage, da du uns begannst, –
und wir sind so gereift in deinen Sonnen,
so breit geworden und so tief gepflanzt,
daß du in Menschen, Engeln und Madonnen
dich ruhend jetzt vollenden kannst.

Laß deine Hand am Hang der Himmel ruhn
und dulde stumm, was wir dir dunkel tun.[16]

In diesem Sinne erläutert Rilke am 23. Dezember 1903 in den *Briefen an einen jungen Dichter* auch das Weihnachtsgeheimnis: »Warum denken Sie nicht, daß er der Kommende ist, der von Ewigkeit her bevorsteht, der Zukünftige, die endliche Frucht eines Baumes, dessen Blätter wir sind? Was hält Sie ab, seine Geburt hinauszuwerfen in die werdenden Zeiten und Ihr Leben zu leben wie einen schmerzhaften und schönen Tag in der Geschichte einer großen Schwangerschaft? Sehen Sie denn nicht, wie alles, was geschieht, immer wieder Anfang ist, und könnte es nicht *Sein* Anfang sein, da doch Beginnen an sich immer so schön ist? Wenn er der Vollkommenste ist, muß nicht Geringeres *vor* ihm sein, damit er sich auswählen kann aus Fülle und Überfluß? – Muß er nicht der Letzte sein, um alles in sich zu umfassen, und welchen Sinn hätten wir, wenn der, nach dem wir verlangen, schon gewesen wäre? Wie die Bienen den Honig zusammentragen, so holen wir das Süßeste aus allem und bauen *Ihn*. Mit dem Geringen sogar, mit dem Unscheinbaren (wenn es nur aus Liebe geschieht) fangen wir an, mit der Arbeit und mit dem Ruhen hernach, mit einem Schweigen oder mit einer kleinen einsamen Freude, mit allem, was wir allein, ohne Teilnehmer und Anhänger tun, beginnen wir ihn, den wir nicht erleben werden, sowenig unsere Vorfahren uns erleben konnten. Und doch sind sie, diese Langevergangenen, in uns, als Anlage, als Last auf unserem Schicksal, als Blut, das rauscht, und als Gebärde, die aufsteigt aus den Tiefen der Zeit.«[17]

Und manchmal kommt ein ernster Hergereister

Auch wenn Rilke immer wieder die Einsamkeit des gottsuchenden Künstlers betonte, er wußte aus Erfahrung, wie sehr der Mensch angewiesen ist auf das Vorbild und Zeugnis anderer oder wenigstens auf die positive Resonanz, die der Gottsucher von anderen erfährt. Die *Geschichten vom lieben Gott* erzählen davon.

Da ist die »Frau Nachbarin«, die durch ihre Kinder neugierig wird, etwas über Gott zu erfahren.

Da ist der »Der fremde Mann« und die Kinder. Er fragt: »›Und warum haben Sie *mir* diese Geschichte erzählt?‹ ›Wer hätte mich sonst verstanden? Sie kommen zu mir ohne Rang, ohne Amt, ohne irgend eine zeitliche Würde, fast ohne Namen. Es war dunkel, als Sie eintraten, allein ich bemerkte in Ihren Zügen eine Ähnlichkeit –‹ Der fremde Mann blickte fragend auf. ›Ja‹, erwiderte ich seinem stillen Blick, ›ich denke oft, vielleicht ist Gottes Hand wieder unterwegs...‹ Die Kinder haben diese Geschichte erfahren, und offenbar wurde sie ihnen so erzählt, daß sie alles verstehen konnten; denn sie haben diese Geschichte lieb.«[18] Da ist der lahme Freund Ewald. »Was für eine Freude ist es doch, einem lahmen Menschen zu erzählen [...]. Seine Unbeweglichkeit macht ihn den Dingen ähnlich, mit denen er wirklich viele herzliche Beziehungen pflegt, macht ihn, sozusagen, zu einem den anderen sehr überlegenen Ding, zu einem Ding, das nicht nur lauscht mit seiner Schweigsamkeit, sondern auch mit seinen seltenen leisen Worten und mit seinen sanften, ehrfürchtigen Gefühlen.«[19] Da ist der Russe Ostab und »Das Lied von der Gerechtigkeit«. Von ihm sagte der Lahme zu dem Erzähler: »›Dieser Alte war Gott.‹ ›Oh, und ich habe es nicht gewußt‹, sagte ich erschauernd.«[20] Auch der einsame Mönch in seiner Zelle im ersten Teil des *Stunden-Buchs* weiß, daß er gemeinsam mit Unzähligen den Bau des neuen Gottesbildes vorantreibt. So ist auch der Dichter auf beides angewiesen: auf den »neuen Griff« des Gott-Erfahreneren und auf die Erleuchtung des eigenen Herzens durch Gott selbst.

Werkleute sind wir: Knappen, Jünger, Meister,
und bauen dich, du hohes Mittelschiff.
Und manchmal kommt ein ernster Hergereister,
geht wie ein Glanz durch unsre hundert Geister
und zeigt uns zitternd einen neuen Griff.

Wir steigen in die wiegenden Gerüste,
in unsern Händen hängt der Hammer schwer,
bis eine Stunde uns die Stirnen küßte,
die strahlend und als ob sie Alles wüßte
von dir kommt, wie der Wind vom Meer.

Dann ist ein Hallen von dem vielen Hämmern
und durch die Berge geht es Stoß um Stoß.
Erst wenn es dunkelt lassen wir dich los:
Und deine kommenden Konturen dämmern.

Gott, du bist groß.[21]

Vermutlich von März 1900 stammen Rilkes Marginalien zu Friedrich Nietzsches *Geburt der Tragödie* – ein Versuch Rilkes, sich in spekulativer Prosa dessen zu versichern, wovon seine Gedichte dieser Zeit in Bildern und freien Rhythmen immer wieder handeln. Darin heißt es: »Gottes unendliche Freiheit wurde durch die Schöpfung beschränkt. Mit jedem Ding wurde ein Stück seiner Kraft gebunden. Aber nicht sein *ganzer* Wille ist mit der Schöpfung verknüpft. Musik (Rhythmus) ist der freie Überfluß Gottes, der sich noch nicht an Erscheinungen erschöpft hat, und an diesem versuchen sich die Künstler in dem unbestimmten Drange, die Welt nachträglich in *dem* Sinne zu ergänzen, in welchem diese Stärke, weiterschaffend, gewirkt hätte und Bilder aufzustellen jener Wirklichkeiten, die noch aus ihr hervorgegangen wären.«[22]

In den *Aufzeichnungen des Malte Laurids Brigge* weiß der Dichter Malte, daß er seine Kreativität Gott verdankt: »Bei aller Furcht bin ich schließlich doch wie einer, der vor etwas Großem steht, und ich erinnere mich, daß es früher oft ähnlich in mir war, eh ich zu schreiben begann. Aber diesmal werde ich geschrieben werden. Ich bin der Eindruck, der sich verwandeln wird. Oh, es fehlt nur ein kleines, und ich könnte das alles begreifen und gutheißen. Nur ein Schritt, und mein tiefes Elend würde Seligkeit sein.« Doch er kann aus Eigenem diesen Schritt nicht tun. Deshalb hat er sich die »Hülfe« aus Büchern anderer Dichter abgeschrieben, »damit es mir ganz nahe wäre und aus meiner Hand entsprungen wie Eigenes. Und ich will es jetzt noch einmal schreiben, hier vor meinem Tisch kniend will ich es schreiben«, und er schreibt aus Baudelaires »Petits Poèmes en Prose« [auf französisch, hier die Übertragung des letzten Satzes]: »Du, mein Herr und Gott! Gewähre mir die Gnade, einige schöne Verse hervorzubringen, die mir beweisen, daß ich nicht der letzte der Menschen bin, daß ich nicht weniger bin als die, die ich verachte.«[23]

5. Das Göttliche in den Menschen, Dingen, Bildern

Immer verwandter werden mir die Dinge
und alle Bilder immer angeschauter.[1]

Die neue Phase der Gottsuche Rilkes umfaßt ein knappes Jahrzehnt, die Jahre von 1900 bis 1908. Auch wenn an die Stelle vager Stimmungen und Gefühle nun die intensiver angeschauten »Bilder« und die immer verwandter gefühlten »Dinge« zu Brennpunkten der Gottnähe werden – die Grenzen zwischen den Schaffensphasen sind bei Rilke nicht scharf gezogen: Immer schon waren es auch »Bilder« und »Dinge«, auf die Rilke mit religiöser Empfindsamkeit reagierte. Nun ist es vor allem die Begegnung mit Malern und Bildhauern, wodurch Rilke ein neues Verhältnis zur Außenwelt und zur Oberfläche der Dinge gewinnt.

Nach der zweiten mit Lou Andreas-Salomé unternommenen Rußlandreise vom Mai bis August 1900, an deren Ende die scheinbare Entfremdung von Lou stand – in Wirklichkeit die Umwandlung des transitiven Geliebtseins in die intransitive Liebe –, besuchte Rilke von August bis Oktober den Maler Heinrich Vogeler in der Worpsweder Künstlerkolonie bei Bremen. Dort lernte er auch die Malerin Paula Becker und deren Freundin, die Bildhauerin Clara Westhoff, kennen, die er am 18. April 1901 heiratete. Das Ehepaar bezog ein Bauernhaus in Westerwede bei Worpswede, und am 12. Dezember wurde die Tochter Ruth geboren.

Von September bis Dezember 1900 schrieb Rilke das *Worpsweder Tagebuch*, im September 1901 den zweiten Teil des *Stunden-Buchs*, »Von der Pilgerschaft«, im Mai 1902 die Monographie *Worpswede*, im Juli erschien die Erstfassung des *Buchs der Bilder*, 1906 dessen zweite Fassung.

Von August 1902 bis Juni 1903 weilte Rilke dann in Paris, um eine Auftragsmonographie über den Bildhauer Auguste Rodin zu verfassen, bei dem 1900 Clara Westhoff studiert hatte. Unter Rodins Einfluß entstand Rilkes ästhetisches Konzept der *Neuen Gedichte*. März/April 1903 verfaßte Rilke in Viareggio den dritten Teil des *Stunden-Buchs*: »Von der Armut und vom Tode«.

September 1903 bis Juni 1904 lebte Rilke mit seiner Frau in Rom. Im Februar 1904 begann er mit der Arbeit an seinem Hauptwerk in Prosa, den *Aufzeichnungen des Malte Laurids Brigge*, die 1910 erschienen.

Nach Aufenthalten Rilkes in Kopenhagen und Schweden (Juni bis Dezember 1904) und des Ehepaars in einem Sanatorium bei Dresden (März/April 1905) arbeitete Rilke von September 1905 bis Mai 1906 wieder in Paris, als Privatsekretär Rodins in Meudon. Im Winter 1905/1906 begann er mit der planmäßigen Arbeit an den *Neuen Gedichten*. Juni/August 1906 reiste Rilke nach Flandern. Von Dezember 1906 bis Mai 1907 entstand auf Capri seine Capreser Lyrik. Im Juni 1907 vollendete Rilke den ersten Teil der *Neuen Gedichte*. Im Oktober schrieb er fünfzehn Briefe an seine Frau über die Gedächtnisausstellung für Paul Cézanne in Paris. Von Frühsommer bis Anfang August 1908 konzentrierte er sich auf *Der Neuen Gedichte anderen Teil*, der im November erschien. Im Oktober/November schrieb er die »Requiems« für Paula Modersohn-Becker und für Wolf Graf von Kalckreuth.

Das Gedicht, das wie ein Motto über Rilkes neuer Schaffensphase stehen könnte, stammt ursprünglich aus dem *Worpsweder Tagebuch* und trägt dort den Titel »Gebet«, wendet sich aber nicht wie im *Stunden-Buch* direkt an Gott. »Beten« ist hier weniger die Anrede an Gott als Person als vielmehr das Einfühlen in die göttliche Tiefe der Dinge und in deren Bilder. Das empfand Rilke selbst als »Fortschritt« in der Entwicklung seines Gottesbildes, und entsprechend änderte er für den Abdruck des Gedichts im *Buch der Bilder* die Überschrift.

FORTSCHRITT

Und wieder rauscht mein tiefes Leben lauter,
als ob es jetzt in breitern Ufern ginge.
Immer verwandter werden mir die Dinge
und alle Bilder immer angeschauter.
Dem Namenlosen fühl ich mich vertrauter:
Mit meinen Sinnen, wie mit Vögeln, reiche
ich in die windigen Himmel aus der Eiche,
und in den abgebrochnen Tag der Teiche
sinkt, wie auf Fischen stehend, mein Gefühl.[2]

Geschlecht, Schöpferkraft und Ehe

Zu den »Dingen«, mit denen sich Rilke in dieser Schaffensperiode naturgemäß auseinandersetzte, gehörte die Liebe zwischen den Geschlechtern. Gelegenheit dazu gaben ihm die *Briefe an einen jungen Dichter* namens Franz Xaver Kappus. Der Briefwechsel, der bis zum Dezember 1908 dauerte, begann im Februar 1903, nachdem Rilke 1902 seine junge Familie in Westerwede zurückgelassen hatte und nach Paris übergesiedelt war und bevor er den wegen seiner Heirat 1901 abgerissenen Briefwechsel mit Lou Andreas-Salomé im Juni 1903 wieder aufnahm. Die Erfahrung seiner Liebe zu Lou und die seiner Ehe mit Clara zwang Rilke in diesen Jahren immer wieder, über die Bedeutung des Geschlechts für den Mann und für den Künstler im besonderen nachzudenken und nach einem Zusammenhang mit dem Geheimnis göttlichen Schöpfertums zu suchen.

Darüber äußerte sich Rilke am 23. April 1903 von Viareggio und am 16. Juli von Worpswede aus gegenüber Franz Xaver Kappus aus Anlaß eines Meinungsaustausches über das Werk Richard Dehmels: »Mir geht es mit seinen Büchern (und nebenbei gesagt auch mit dem Menschen, den ich flüchtig kenne) so, daß wenn ich eine seiner schönen Seiten gefunden habe, ich mich immer vor der nächsten fürchte, die alles wieder zerstören und das Liebenswerte in Unwürdiges verkehren kann. Sie haben ihn ganz gut charakterisiert mit dem Wort: ›brünstig leben und dichten‹. – Und tatsächlich liegt ja künstlerisches Erleben so unglaublich nahe am geschlechtlichen, an seinem Weh und seiner Lust, daß die beiden Erscheinungen eigentlich nur verschiedene Formen einer und derselben Sehnsucht und Seligkeit sind. Und wenn man statt Brunst – Geschlecht sagen dürfte, Geschlecht im großen, weiten, reinen, durch keinen Kirchenirrtum verdächtigten Sinne, so wäre seine Kunst sehr groß und unendlich wichtig. Seine dichterische Kraft ist groß und wie ein Urtrieb stark, sie hat eigene rücksichtslose Rhythmen in sich und bricht wie aus Bergen aus ihm aus. Aber es scheint, daß diese Kraft nicht immer ganz aufrichtig und ohne Pose ist. [. . .]

Das Geschlecht ist schwer, ja. Aber es ist Schweres, was uns aufgetragen wurde, fast alles Ernste ist schwer, und alles ist ernst. Wenn Sie das nur erkennen und dazu kommen, aus sich, aus *Ihrer* Anlage und Art, aus *Ihrer* Erfahrung und Kindheit und Kraft heraus ein ganz eigenes (von Konvention und Sitte *nicht* beeinflußtes) Verhältnis zu dem Geschlecht zu erringen, dann müssen Sie nicht mehr fürchten, sich zu verlieren und unwürdig zu werden Ihres besten Besitzes. Die körperliche Wollust ist ein sinnliches Erlebnis, nicht anders als das reine Schauen oder das reine Gefühl, mit dem eine schöne Frucht die Zunge füllt; sie ist eine große unendliche Erfahrung, die uns gegeben wird, ein Wissen von der Welt, die Fülle und der Glanz alles Wissens. Und nicht, daß wir sie empfangen, ist schlecht; schlecht ist, daß fast alle diese Erfahrung mißbrauchen und vergeuden und sie als Reiz an die müden Stellen ihres Lebens setzen und als Zerstreuung statt als Sammlung zu Höhepunkten. [. . .]

Aber der einzelne kann sie für sich klären und klar leben, (und wenn nicht der einzelne, der zu abhängig ist, so doch der Einsame). Er kann sich erinnern, daß alle Schönheit in Tieren und Pflanzen eine stille dauernde Form von Liebe und Sehnsucht ist, und er kann das Tier sehen, wie er die Pflanze sieht, geduldig und willig sich vereinigend und vermehrend und wachsend nicht aus physischer Lust, nicht aus physischem Leid, Notwendigkeiten sich neigend, die größer sind als Lust und Leid und gewaltiger denn Wille und Widerstand. O daß der Mensch dieses Geheimnis, dessen die Erde voll ist bis in ihre kleinsten Dinge, demütiger empfinge und ernster trüge, ertrüge und fühlte, wie schrecklich schwer es ist, statt es leicht zu nehmen. Daß er ehrfürchtig wäre gegen seine Fruchtbarkeit, die nur *eine* ist, ob sie geistig oder körperlich scheint; denn auch das geistige Schaffen stammt von dem physischen her, ist eines Wesens mit ihm und nur wie eine leisere, entzücktere und ewigere Wiederholung leiblicher Wollust. ›Der Gedanke, Schöpfer zu sein, zu zeugen, zu bilden‹ ist nichts ohne seine fortwährende, große Bestätigung und Verwirklichung in der Welt, nichts ohne die tausendfältige Zustimmung aus Dingen und Tieren, – und sein Genuß ist nur deshalb so unbeschreiblich schön und reich, weil er voll ererbter Erinnerungen ist aus Zeugen und Gebären von Millionen. In einem Schöpfergedanken leben tausend vergessene Liebesnächte auf und erfüllen ihn mit Hoheit und Höhe. Und die in den Nächten zusammenkommen und verflochten sind in wiegender Wollust, tun eine ernste Arbeit und sammeln Süßigkeiten an, Tiefe und Kraft für das Lied irgendeines kommenden Dichters, der aufstehn wird, um unsägliche Wonnen zu sagen. [...]

Und vielleicht sind die Geschlechter verwandter, als man meint, und die große Erneuerung der Welt wird vielleicht darin bestehen, daß Mann und Mädchen sich, befreit von allen Irrgefühlen und Unlüsten, nicht als Gegensätze suchen werden, sondern als Geschwister und Nachbarn und sich zusammentun werden als *Menschen*, um einfach, ernst und geduldig das schwere Geschlecht, das ihnen auferlegt ist, gemeinsam zu tragen.«[3] Im Frühjahr 1906 entstand in Meudon, wo Rilke von September 1905 bis Mai 1906 Rodins Privatsekretär war und wo ihn dessen Umgang mit Frauen als »Nahrung für den Mann«, wie Rilke September 1908 seiner Frau schrieb, an Richard Dehmel und an seine eigenen Probleme erinnert haben mochte, sein Gedicht »Ehe«: ein Bekenntnis und Appell zugleich, die zerstörerischen Kräfte des transitiven Geschlechtsverkehrs, der die Geliebte zum Lustobjekt erniedrigt, zu verwandeln in intransitive Liebe, die teilhat an der Liebe Gottes.

Sie ist traurig, lautlos und allein.
Sieh, sie leidet. Deine Nächte legten
sich auf ihre leisen leicht erregten
Nächte wie ein stürzendes Gestein.

Hundertmal in deiner dumpfen Gier
warst du ihr Vergeuder und Vergifter;
aber daß du einmal wie ein Stifter
still und dunkel knietest neben ihr
macht dich männlich und geht aus von dir.[4]

Das Bild der Engel

Im *Buch der Bilder* von 1906 fällt auf, wie Rilke seine vertiefte Sicht der Bilder außer an Naturdingen und historischen Szenen auch an traditionellen christlichen Vorstellungen, Ritualen und Legenden erprobt. Gedichtüberschriften wie »Die Engel«, »Der Schutzengel«, »Martyrinnen«, »Die Heiligen«, »Die Konfirmanden«, »Das Abendmahl«, »Gebet«, »Verkündigung«, »Die heiligen drei Könige«, »In der Certosa«, »Das jüngste Gericht« bilden gleichsam eine Brücke zwischen dem subjektiv-frommen *Stunden-Buch* und den objektivierend-sachlichen *Neuen Gedichten*.

Zum Beispiel stellt Rilke in »Die Engel« den durch Putten und Friedhofsfiguren verniedlichten Vorstellungen ein Engelbild entgegen, das der ursprünglich in der Bibel gemeinten Wirklichkeit der Engel als Mitwirkenden bei Gottes lichten und dunklen Schöpfungsakten näherkommt.

Sie haben alle müde Münde
und helle Seelen ohne Saum.
Und eine Sehnsucht (wie nach Sünde)
geht ihnen manchmal durch den Traum.

Fast gleichen sie einander alle;
in Gottes Gärten schweigen sie,
wie viele, viele Intervalle
in seiner Macht und Melodie.

Nur wenn sie ihr Flügel breiten,
sind sie die Wecker eines Winds:
als ginge Gott mit seinen weiten
Bildhauerhänden durch die Seiten
im dunklen Buch des Anbeginns.[5]

In den letzten Strophen von »Der Schauende« rekapituliert Rilke die alttestamentarische Erzählung, in der Jakob mit dem Engel als Verkörperung Gottes kämpft (Gen 32,25-33), und vertieft so das Bild des Engels. Er ist nun der göttliche Herausforderer des Menschen als des »Tiefbesiegten von immer Größerem«.

Wie ist das klein, womit wir ringen,
was mit uns ringt, wie ist das groß;
ließen wir, ähnlicher den Dingen,
uns *so* vom großen Sturm bezwingen, –
wir würden weit und namenlos.

Was wir besiegen, ist das Kleine,
und der Erfolg selbst macht uns klein.
Das Ewige und Ungemeine
will nicht von uns gebogen sein.

Das ist der Engel, der den Ringern
des Alten Testaments erschien:
wenn seiner Widersacher Sehnen
im Kampfe sich metallen dehnen,
fühlt er sie unter seinen Fingern
wie Saiten tiefer Melodien.

Wen dieser Engel überwand,
welcher so oft auf Kampf verzichtet,
der geht gerecht und aufgerichtet
und groß aus jener harten Hand,
die sich, wie formend, an ihn schmiegte.
Die Siege laden ihn nicht ein.
Sein Wachstum ist: der Tiefbesiegte
von immer Größerem zu sein.[6]

Die »Engel«, als Rilkes zentrales Bild für die »furchtbare« Tiefendimension der Dinge, sind dann das beherrschende Thema der *Duineser Elegien* von 1912 bis 1922, der »großen Engels-Gedichte«, wie Rilke sie in einem Brief an Gudi Nölke vom 16. März 1922 nennt. In der zweiten Elegie, entstanden 1912 auf Schloß Duino, sind die Engel für den Dichter nicht mehr vertraute Begleiter wie in der biblischen Tobiaserzählung (Tobit 5), sondern erschreckende Herausforderung und zugleich Überlebenshoffnung für eine vergängliche Schöpfung.

Jeder Engel ist schrecklich. Und dennoch, weh mir,
ansing ich euch, fast tödliche Vögel der Seele,
wissend um euch. Wohin sind die Tage Tobiae,
da der Strahlendsten einer stand an der einfachen Haustür,
zur Reise ein wenig verkleidet und schon nicht mehr furchtbar;
(Jüngling dem Jüngling, wie er neugierig hinaussah).
Träte der Erzengel jetzt, der gefährliche, hinter den Sternen

eines Schrittes nur nieder und herwärts: hochauf-
schlagend erschlüg uns das eigene Herz. Wer seid ihr?

Frühe Geglückte, ihr Verwöhnten der Schöpfung,
Höhenzüge, morgenrötliche Grate
aller Erschaffung, – Pollen der blühenden Gottheit,
Gelenke des Lichtes, Gänge, Treppen, Throne,
Räume aus Wesen, Schilde aus Wonne, Tumulte
stürmisch entzückten Gefühls und plötzlich, einzeln,
Spiegel: die die entströmte eigene Schönheit
wiederschöpfen zurück in das eigene Antlitz.

Denn wir, wo wir fühlen, verflüchtigen; ach wir
atmen uns aus und dahin [. . .]
Schmeckt denn der Weltraum,
in den wir uns lösen, nach uns? Fangen die Engel
wirklich nur Ihriges auf, ihnen Entströmtes,
oder ist manchmal, wie aus Versehen, ein wenig
unseres Wesens dabei? Sind wir in ihre
Züge soviel nur gemischt wie das Vage in die Gesichter
schwangerer Frauen?[7]

Das Ding zwischen Gott und Mensch

»[. . .] das Ding selbst, das, ununterdrückbar, aus den Händen eines Menschen hervorgeht, ist wie der Eros des Sokrates, ist ein Daimon, ist zwischen Gott und Mensch, selber nicht schön, aber lauter Liebe zur Schönheit und lauter Sehnsucht nach ihr.«[8] Es war die Begegnung mit Auguste Rodin, die Rilke zwang, sich über die Dinge und ihr Verhältnis zu Gott Gedanken zu machen. In Rilkes Vortrag über Rodin von 1907 und in der ursprünglichen Fassung des Textes von 1905 können wir die Faszination nachempfinden, mit der Rilke die Welt der stillen Dinge in ihrem Gegensatz zur Welt der geschwätzigen Menschen für sich neu entdeckte und versuchte, diese Entdeckung nicht nur praktisch durch sein dichterisches Werk, sondern auch theoretisch weiterzusagen. »*Dinge*. Indem ich das ausspreche (hören

Sie?) entsteht eine Stille; die Stille, die um die Dinge ist. Alle Bewegung legt sich, wird Kontur, und aus vergangener und künftiger Zeit schließt sich ein Dauerndes: der Raum, die große Beruhigung der zu nichts gedrängten Dinge.«

Doch Rilke weiß, daß seine Zuhörer ihm so schnell nicht folgen können und die von ihm beschworene Stille der Dinge noch nicht fühlen. Da versucht er es mit der Erinnerung an die Kindheit. »[...] kehren Sie mit einem Teil Ihres entwöhnten und erwachsenen Gefühls zu irgend einem Ihrer Kinder-Dinge zurück, mit dem Sie viel umgingen. Gedenken Sie, ob es irgend etwas gab, was Ihnen näher, vertrauter und nötiger war, als so ein Ding. Ob nicht alles – außer ihm – imstande war, Ihnen weh oder unrecht zu tun, Sie mit einem Schmerz zu erschrecken oder mit einer Ungewißheit zu verwirren? Wenn Güte unter Ihren ersten Erfahrungen war und Zutraun und Nichtalleinsein – verdanken Sie es nicht ihm? War es nicht ein Ding, mit dem Sie zuerst Ihr kleines Herz geteilt haben wie ein Stück Brot, das reichen mußte für zwei?«[9] Rilke ist überzeugt, daß seine Zuhörer sich erinnern werden und daß sie »mit einemmal begreifen: daß Sie auch jetzt noch Dinge nötig haben für Ihre einsamsten, Ihre merkwürdigsten, unerklärlichsten Stunden«.

Doch was sind die von Rilke gemeinten »Dinge«? Im Hinblick auf die Werke des Bildhauers Rodin, die, buchstäblich aus dessen Händen hervorgegangen, für Rilke zu einer Offenbarung wurden, gibt es für ihn »außer jenen Dingen der Natur, die aus Händen hervorgehen, die wir nicht sehen, [...] andere Dinge, von den Menschen geformt, nach dem Vorbild jener ersten vorgefundenen und angeschauten Dinge [...]. Und nun zu erleben: – wie das, was man heiß und atemlos nachahmte, in seiner Vollendung dieselbe Gelassenheit annahm, dieselbe stille Würde, wie es einging unter die Dinge – gleich wie ein Verstorbener unter die Seligen eingeht: um zu dauern [...]. Merken Sie, daß wir schon seit einer Weile vor einem jener Götter-Bilder stehen, die entstanden sind, weil man aus menschlichen und tierischen Formen ein Nicht-Sterbendes / ein Un-Antastbares / ein Nächst-Höheres: *Ein Ding* / zu machen sich sehnte.«

Doch woran sind sie zu erkennen, diese gelungenen, vollendeten Dinge der Natur und der Kunst? »[...] war es nicht immer *Das*, was Sie an diesen Dingen ergriff, daß Sie sie angefüllt fanden wie Blumen-

Vasen, wie Salben-Büchsen, daß eine Wärme von ihnen ausging, die nicht des Steines war, und ein unerklärlicher Duft?«

Doch diese beglückende und erschütternde Wirkung der Dinge ist nicht das Werk des Künstlers, sondern ist ein Geschenk, eine Gnade, die sich einstellt oder auch nicht. »Es ist immer das Eine, worum es sich handelt, dieses Kommende, für das ein Bett bereitet wird.« Das gilt sogar für die Schönheit der Dinge, von denen eine oberflächliche Ästhetik meint, der Künstler könne sie »machen«: »Man kann nicht Schönheit machen und Niemand hat je Schönheit gemacht; – man kann nur freundliche oder erhabene Umstände schaffen für Das was manchmal bei uns verweilen mag –: einen Altar und Früchte und eine Flamme – (das andere steht nicht in unserer Macht).«

Es ist der mystische Offenbarungscharakter der Dinge, für den Rilke plädiert und in dessen Dienst der Künstler gestellt ist. Das Ding »ist wie der Eros des Sokrates, ist ein Daimon, Etwas zwischen Gott und Mensch, selber nicht schön, aber Liebe zur Schönheit und Sehnsucht und Schrei nach ihr [...]. Der Künstler den diese Erkenntnis lenkt, hat nicht an die Schönheit zu denken, denn er weiß ebenso wenig wie die Anderen, worin sie besteht. Gelenkt von dem Drang nach der Erfüllung über ihn hinausreichender Nützlichkeiten, weiß er nur, daß es gewisse Bedingungen giebt, unter denen sie vielleicht zu seinem Dinge zu kommen geruht. Und sein Beruf ist: diese Bedingungen kennen zu lernen und die Fähigkeit zu erwerben, sie herzustellen.«[10]

Die Oberfläche der Dinge

Diese neuen Bedingungen – und das war für Rilke in dieser Phase seiner künstlerischen Entwicklung die neue und bleibende Erkenntnis – kulminieren letztlich im Verzicht auf den Versuch, in das Innere der Dinge einzudringen, und in dem Bestreben, sich statt dessen auf deren Oberfläche zu konzentrieren, ohne dabei oberflächlich zu werden. »Wer diese Bedingungen eigensinnig bis an ihr Ende verfolgt, der merkt, daß sie nicht über die Oberfläche hinaus und nirgends in das Innere des Dinges hineingehn; daß Alles, was man machen kann – ist: eine auf bestimmte Weise geschlossene, an keiner Stelle zufällige

Oberfläche herzustellen, eine Oberfläche, die, wie diejenige der natürlichen Dinge, von der Atmosphäre umgeben, beschattet und beschienen ist –: nur diese Oberfläche (und sonst nichts). Aus allen den großen umständlichen und launenhaften Worten herausgerückt, scheint die Kunst auf einmal ins Geringe und Nüchterne gestellt, ins Alltägliche, – ins Handwerk.«

Bevor Rilke auf sein großes Vorbild für diese Oberflächenarbeit zu sprechen kommt, auf Rodin, bringt er eindringliche Beispiele aus dem Erfahrungsbereich seiner Zuhörer, wobei auch der menschliche Körper zu den Dingen gehört. »[. . .] ist nicht *alles* Oberfläche, was wir kennen? Können wir Inneres anders wahrnehmen als dadurch daß es Oberfläche wird? Unsere Freude an einer Frucht, an einem Tiere, an einer Landschaft –: ist sie nicht Deutung, Auslegung, Aneignung einer bestimmten Oberfläche? Und was wir Geist und Seele und Liebe nennen –: ist das nicht alles nur eine leise Veränderung auf der kleinen Oberfläche eines nahen Gesichtes? Und muß wer uns das geben will, sich nicht an das Greifbare halten, an das was seinen Mitteln entspricht: an die Form, die er fassen und nachfühlen kann? – Und weiter: wer alle Formen zu sehen und zu geben vermöchte, würde *der* uns nicht – fast ohne es zu wissen – Alles Geistige geben? Alles was je Sehnsucht, Schmerz oder Seligkeit genannt war – Abgründe und Höhen, Himmel und Hölle? Denn alles Glück, von dem je Herzen gezittert haben; alle Größe, an die zu denken uns fast zerstört; jeder von den weiten verwandelnden Gedanken – es gab einen Augenblick wo sie *nichts* waren als das Schürzen von Lippen, das Hochziehn von Augenbraun, – schattige Stellen auf Stirnen – – und dieser Zug um den Mund, diese Linie über den Lidern, diese Dunkelheit auf einem Gesicht –: vielleicht waren sie, genau so, schon vorher da: als Zeichnung auf einem Tier, als Furche in einem Felsen, als Vertiefung auf einer Frucht . . .«[11]

Diese nicht erzwingbare und organisierbare Offenbarung des Inneren auf der Oberfläche der Dinge, diese gnadenhafte Ding-Mystik, die sich ereignen kann, aber nicht muß, wird nach Rilke den Menschen ausgeredet sowohl von einer falschen Ästhetik – wonach bereits die Schönheit die Anwesenheit des Göttlichen garantiere – wie von einer falschen Religion, »deren Priester sich erdreisteten einen Gott zu ›machen‹, statt immer wieder in den Tempeln und auf den Gipfeln der Berge zu zeigen, daß es nur *eine* Frömmigkeit giebt, *die*:

Lager zu sein und zu dunkeln und zu duften für *den (vielleicht)* kommenden Gott. – Es muß kein Betrug dieser Priester gewesen sein –; es ist eine so menschliche Ungeduld, das Geheimnis endlich zu haben, *das*, was sich immer wieder zurückzieht, zu umarmen.«[12]

Mitte Juli 1906 in Paris, während Rilke, inspiriert durch Rodins Skulpturen, seine Dingmystik entwickelte, entstand als Beispiel für die eigene entsprechende Tätigkeit das Sonett »Blaue Hortensie«. Von den vierzehn Zeilen des Gedichts beschreiben dreizehn die Oberfläche der im Vergehen befindlichen Blume. Nur eine Zeile, die elfte, spricht aus, was die Oberfläche dem offenbart, der sie aufmerksam und liebend auf sich wirken läßt: die Vergänglichkeit des Lebens. Doch durch die folgende letzte Strophe wird die schon gefühlte Endgültigkeit des Vergehens wieder in Frage gestellt, und »man sieht« die Anzeichen neuen Lebens.

BLAUE HORTENSIE

So wie das letzte Grün in Farbentiegeln
sind diese Blätter, trocken, stumpf und rauh,
hinter den Blütendolden, die ein Blau
nicht auf sich tragen, nur von ferne spiegeln.

Sie spiegeln es verweint und ungenau,
als wollten sie es wiederum verlieren,
und wie in alten blauen Briefpapieren
ist Gelb in ihnen, Violett und Grau;

Verwaschnes wie an einer Kinderschürze,
Nichtmehrgetragnes, dem nichts mehr geschieht:
wie fühlt man eines kleinen Lebens Kürze.

Doch plötzlich scheint das Blau sich zu verneuen
in einer von den Dolden, und man sieht
ein rührend Blaues sich vor Grünem freuen.[13]

Dieses Gedicht, das in den *Neuen Gedichten* Mitte Dezember 1907 erschien, entspricht in besonderem Maße den neuen Intentionen Rilkes, wie er sie an seinen Mäzen Karl von der Heydt am 21. Februar 1907 beschreibt: »Ich gehe nicht aus ›großen Dingen und Gedanken‹ fort, sondern ebendorthin, wo alles, auch das Unscheinbare, auch das Häßliche, auch das, wovon man sich anderswo einfach abwendet, mich wie Großes, wie Ewiges mit unbeschreiblichen Anforderungen anspricht; dorthin wo der Künstler, der seiner Natur nach in vielen Dingen des Lebens immer Zuschauer sein wird, auch in dieser Eigenschaft, das *ganze* Leben d.h. die ganze Welt an sich erfährt, als ob es mit allen seinen Möglichkeiten mitten durch ihn durchginge.« Und an die Freundin Ellen Key heißt es am 9. Oktober 1908 zum zweiten Band der »Neuen Gedichte«, der Rodin gewidmet ist: Sie »sind eine *Schule* für mich: ich muss mich aller Dinge bemächtigen, aller ohne Ausnahme, auch derjenigen, die mir nicht von vornherein nahe stehn. Ich muss wissen, daß ich die Welt fassen kann, in welcher Verwandlung immer.«[14] Diese Verwandlung, von der im einzelnen nicht immer eindeutig auszumachen ist, ob sich die Dinge oder der Zuschauer oder beide wandeln, illustriert Rilke in einem zweiten Hortensiengedicht in *Der Neuen Gedichte anderer Teil*: »Rosa Hortensie«, entstanden im Herbst 1907 in Paris oder im Frühling 1908 auf Capri.

Herrschte im ersten Gedicht die Detailerkundung und die Beschreibung der Oberfläche vor, so geht Rilke hier darüber hinaus und fragt gleich zu Beginn nach den Verantwortlichen für das Werden und Vergehen. »Wer nahm das Rosa an? Wer wußte...« Und ging ihm als Antwort früher leicht der Name Gottes über die Lippen, führt er statt dessen jetzt fragend die Symbolgestalt des Engels ein. Aus der Dingmystik wird Engelsmystik. Die Dinge zwischen Gott und Mensch werden zu »Engeln«, zu Offenbarern, zu Botschaftern, zu Begleitern im Namen des Göttlichen.

ROSA HORTENSIE

Wer nahm das Rosa an? Wer wußte auch,
daß es sich sammelte in diesen Dolden?
Wie Dinge unter Gold, die sich entgolden,
entröten sie sich sanft, wie im Gebrauch.

Daß sie für solches Rosa nichts verlangen.
Bleibt es für sie und lächelt aus der Luft?
Sind Engel da, es zärtlich zu empfangen,
wenn es vergeht, großmütig wie ein Duft?

Oder vielleicht auch geben sie es preis,
damit es nie erführe vom Verblühn.
Doch unter diesem Rosa hat ein Grün
gehorcht, das jetzt verwelkt und alles weiß.[15]

Ich erfand mir eine neue Zärtlichkeit

Wenn die Dinge für den aufmerksamen Menschen fühlbar von »Engeln« getragen, umgeben und durchdrungen sind, dann entsteht in ihm eine neue Zärtlichkeit gegenüber den Dingen, die Menschen eingeschlossen.

Gleich zu Beginn des *Worpsweder Tagebuchs*, das voller Anzeichen einer neuen Sensibilität Rilkes gegenüber den Dingen ist, heißt es unter dem 17. September 1900: »Ich erfand mir eine neue Zärtlichkeit: eine Rose leise auf das geschlossene Auge zu legen, bis sie mit ihrer Kühle kaum mehr fühlbar ist und nur die Sanftmut ihres Blattes noch über dem Lid ruht wie Schlaf vor Sonnenaufgang.«[16] Die Rose, hier noch ganz in ihrer pflanzlichen Oberfläche erfahren, wird fortan Rilkes bevorzugtes Symbol für die zärtliche Anwesenheit des Göttlichen in den Dingen.

In den *Sonetten an Orpheus*, den »singenden Gott«, die Rilke 1922 parallel zur Vollendung der *Duineser Elegien* in Muzot als ein »Grab-Mal für die jung gestorbene Wera Ouckama Knoop« verfaßte, heißt es:

Errichtet keinen Denkstein. Laßt die Rose
nur jedes Jahr zu seinen Gunsten blühn.
Denn Orpheus ists. Seine Metamorphose
in dem und dem.[17]

So stehen denn auch auf Rilkes Grabstein auf dem Bergfriedhof in Raron die kryptischen Verse, die sich eindeutiger Auslegung entziehen, es sei denn, man begreift sie als Hinweis auf Rilkes Tod als göttliche Metamorphose.

> Rose, oh reiner Widerspruch, Lust,
> Niemandes Schlaf zu sein unter soviel
> Lidern.[18]

Diese Zärtlichkeit zu den Dingen als Ausfluß einer allumfassenden Liebe zu ihrer Oberfläche erlebte Rilke in besonderer Intensität bei Rodin. Es war keine sentimentale Liebe, »diese große hellseherische Liebe zur Natur, die sich nur bei Arbeitenden entwickelt, die aus der Arbeit heraus entsteht wie die Wärme unter der Feile. Darum haben diesem Arbeitenden sich später auch die großen alten Dinge so unerhört aufgetan: weil er diese zitternde Liebe an sie wandte, (der sie nicht widerstehen). Darum haben ihm die seit Jahrtausenden schweigenden Steine ihr Geheimnis gesagt. Darum, weil er die Wölbung der Früchte *wußte* und das Runde an den Muscheln, schlossen sich ihm die Dinge der Antike auf. Und weil er die Bäume kannte und die Hunde und die Hungernden, kamen die Tiere von den Kathedralen zu ihm. Und es scheint als hätte er sogar die Steine Michelangelos zum Reden gebracht – oder vielleicht haben sie nur geseufzt da er vorüberging. Denn aus alledem ist Wissen in sein Werk eingegangen. Greifbare und ergriffene Weisheit. Er hat sich an diesen verschwenderischen Dingen nie berauscht, er hat sie auf sich genommen und hat sie getragen, solange er sie nicht begriff, und ihre Last hat ihn tiefer ins Handwerk hineingedrückt – *immer in dieses Eine*. Unter ihrer Wucht muß ihm klar geworden sein, daß es bei den Kunst-Dingen (ganz wie bei einer Waffe oder Waage) nicht darauf aufkommt [!] durch das Aussehn irgendwie zu ›wirken‹: sondern, daß es sich darum handelt: *gut gemacht* zu sein. Dieses *Gut-Machen*, dieses Arbeiten mit reinstem Gewissen: *war Alles*. Ein Ding nachformen – das hieß: über jede Stelle gegangen sein, – nichts verschwiegen, nichts übersehen, nirgends betrogen haben; alle die hundert *Profile* kennen, alle die Aufsichten und Untersichten, – *jede* Überschneidung. Erst dann war ein Ding *da*, erst dann war es Insel, überall abgelöst von dem Kontinent des Ungewissen.«[19] Erst dann war das Ding in seiner Substanz erkannt: als »Engel«, als göttliche Offenbarung.

Gott ist nur eine Richtung der Liebe

Rilkes Hauptwerk in Prosa, *Die Aufzeichnungen des Malte Laurids Brigge*, kulminieren 1910 in Maltes Reflexionen über den Unterschied zwischen »Liebenden« und »Geliebten«, zwischen »intransitiver« und »transitiver Liebe«: der Niederschlag der Liebeserfahrungen Rilkes bis zu diesem Zeitpunkt, seinem fünfunddreißigsten Lebensjahr.

In der »transitiven Liebe«, gerichtet auf den Partner als auf einen Gegenstand, verfallen die »Geliebten« einander, sind füreinander Objekte und verlieren ihre Unabhängigkeit und Freiheit. Eine solche Liebe hat keinen Bestand. Im Gegensatz dazu befreit die »intransitive Liebe«, gerichtet auf eine zu Selbstbestimmung und Kreativität berufene Person, die »Liebenden« von aller falschen Anhänglichkeit und Abhängigkeit und läßt sie immer mehr sie selbst werden. Eine solche Liebe ist von Dauer. »Geliebtsein heißt aufbrennen. Lieben ist: Leuchten mit unerschöpflichem Öle. Geliebtwerden ist vergehen, Lieben ist dauern.«[20] Für Rilke hat die intransitive Liebe mit Gott zu tun. Gott liebt so und ermöglicht dem bloß »Geliebten«, ein »Liebender« zu werden. »Schlecht leben die Geliebten und in Gefahr. Ach, daß sie sich überstünden und Liebende würden. Um die Liebenden ist lauter Sicherheit. Niemand verdächtigt sie mehr, und sie selbst sind nicht imstande, sich zu verraten. In ihnen ist das Geheimnis heil geworden, sie schreien es im Ganzen aus wie Nachtigallen, es hat keine Teile. Sie klagen um einen; aber die ganze Natur stimmt in sie ein: es ist die Klage um einen Ewigen. Sie stürzen sich dem Verlorenen nach, aber schon mit den ersten Schritten überholen sie ihn, und *vor* ihnen ist nur noch Gott.«[21] Malte sieht freilich auch die Schwierigkeiten, vor allem für Frauen, die intransitive Liebe zu leben. Über seine Freundin Abelone heißt es: »Manchmal früher fragte ich mich, warum Abelone die Kalorien ihres großartigen Gefühls nicht an Gott wandte. Ich weiß, sie sehnte sich, ihrer Liebe alles Transitive zu nehmen, aber konnte ihr wahrhaftiges Herz sich darüber täuschen, daß Gott nur eine Richtung der Liebe ist, kein Liebesgegenstand? Wußte sie nicht, daß keine Gegenliebe von ihm zu fürchten war? Kannte sie nicht die Zurückhaltung dieses überlegenen Geliebten, der die Lust ruhig hinausschiebt, um uns, Langsame, unser ganzes Herz leisten zu lassen? Oder wollte sie Christus vermeiden? Fürchtete sie, halben Wegs von ihm aufgehalten, an ihm zur Geliebten zu werden?«[22] Die letzte Aufzeichnung des Malte Laurids Brigge behandelt das Thema von der Seite des Mannes aus: »Man wird mich schwer davon überzeugen, daß die Geschichte des verlorenen Sohnes nicht die Legende dessen ist, der nicht geliebt werden wollte. [. . .] Viel später erst wird ihm klar werden, wie sehr er sich damals vornahm, niemals zu lieben, um keinen in die entsetzliche Lage zu bringen, geliebt zu sein. Jahre hernach fällt es ihm ein und, wie andere Vorsätze, so ist auch dieser unmöglich gewesen. Denn er hat geliebt und wieder geliebt in seiner Einsamkeit; jedesmal mit Verschwendung seiner ganzen Natur und unter unsäglicher Angst um die Freiheit des andern. Langsam hat er gelernt, den geliebten Gegenstand mit den Strahlen seines Gefühls zu durchscheinen, statt ihn darin zu verzehren. Und er war verwöhnt von dem Entzücken, durch die immer transparentere Gestalt der Geliebten die Weiten zu erkennen, die sie seinem unendlichen Besitzenwollen auftat.«[23] Es ist die unendliche Weite Gottes, die die Geliebte dem verlorenen Sohn eröffnet. Rilke/Malte: »Ich seh mehr als ihn, ich sehe sein Dasein, das damals die lange Liebe zu Gott begann, die stille, ziellose Arbeit. Denn über ihn, der sich für immer hatte verhalten wollen, kam noch einmal das anwachsende Nichtanderskönnen seines Herzens. Und diesmal hoffte er auf Erhörung. Sein ganzes, im langen Alleinsein ahnend und unbeirrbar gewordenes Wesen versprach ihm, daß jener, den er jetzt meinte, zu lieben verstünde mit durchdringender, strahlender Liebe. Aber während er sich sehnte, endlich so meisterhaft geliebt zu sein, begriff sein an Fernen gewohntes Gefühl Gottes äußersten Abstand.« Der Preis für diese Sehnsucht nach der transitiven Liebe ist des verlorenen Sohnes Einsamkeit unter den Menschen und seine Hoffnung auf Gott, so die letzten Sätze des Malte Laurids Brigge: »Denn er erkannte von Tag zu Tag mehr, daß die Liebe ihn nicht betraf, auf die sie so eitel waren und zu der sie einander heimlich ermunterten. Fast mußte er lächeln, wenn sie sich anstrengten, und es wurde klar, wie wenig sie ihn meinen konnten. Was wußten sie, wer er war. Er war jetzt furchtbar schwer zu lieben, und er fühlte, daß nur Einer dazu imstande sei. Der aber wollte noch nicht.«[24]

6. Die Weltreligionen und das Christentum

Und war schon einer, der gelesen hatte
und konnte und gehorchte und vollzog.[1]

Rilkes »Fortschritt« von den Dingen zu den »Engeln« erwies sich in der nächstfolgenden Phase seiner Entwicklung, die den Zeitraum von 1910 bis 1922 umfaßt, als Schritt aus der Tiefendimension der Dinge und aus der Innenwelt des Dichters hinaus in den Raum der Geschichte und Kultur und darüber hinaus in die Weite des Kosmos. Die Atmosphäre dieser neuen Gotteserfahrung bringt Rilke 1913 in der »Spanischen Trilogie« in die Verse:

> Warum muß einer dastehn wie ein Hirt,
> so ausgesetzt dem Übermaß von Einfluß,
> beteiligt so an diesem Raum voll Vorgang,
> daß er gelehnt an einen Baum der Landschaft
> sein Schicksal hätte, ohne mehr zu handeln.
> Und hat doch nicht im viel zu großen Blick
> die stille Milderung der Herde. Hat
> nichts als Welt, hat Welt in jedem Aufschaun,
> in jeder Neigung Welt. Ihm dringt, was andern
> gerne gehört, unwirtlich wie Musik
> und blind ins Blut und wandelt sich vorüber.[2]

Auslöser und Ausdruck zugleich dieser neuen religiösen Erfahrung Rilkes sind seine Reisen: im November 1911 nach Nordafrika, von Januar bis März 1912 nach Ägypten, von November 1912 bis Februar 1913 nach Spanien. Während des Ersten Weltkriegs lebte Rilke vorwiegend in München, von Januar bis Juli 1915 tat er unfreiwillig Dienst im Kriegsarchiv in Wien, nach dem Ende des Krieges sympathisierte er zeitweilig mit der Revolution. Im Juni 1919 reiste er auf der Suche nach einem ruhigen Domizil zu Vorträgen in die Schweiz und bewohnte seit Juli 1921 im Wallis den Schloßturm von Muzot bei Sierre im oberen Rhonetal. Dort vollendete er 1922 die 1912 in Duino begonnenen *Duineser Elegien*.

Ein Gestirn und ein Gott: Ägypten

Nach Rußland gehört Ägypten zu den Kulturen und Landschaften, die Rilke am tiefsten geprägt haben. Bevor er selbst 1912 nach Ägypten reiste, hatte er sich bereits anläßlich der Ägyptenreise seiner Frau Clara von Januar bis April 1907 anhand einschlägiger Literatur mit dem Land und seiner Kultur, mit dem Nil, »dem heiligen Wundertäter«, und der Wüste, »ohne Ende und ohne Anfang, wie Ungeschaffenes«, befaßt.

So charakterisiert er im Brief an Clara vom 20. Januar 1907 die wichtigsten natürlichen Prägekräfte des Landes, um dann die Wirkung der Sphinx auf den Menschen in einer Weise zu imaginieren, wie er selbst es 1912 erfahren sollte: als Einbruch einer unendlichen, ins Kosmische weisenden Bildwelt. »Du wirst sie sehen. Wirst das Haupt der großen Sphinx sehen, das sich mühsam emporhält aus ihrem beständigen Anschwellen, dieses Haupt und dieses Gesicht, das die Menschen begonnen haben in seiner Form und Größe, dessen Ausdruck aber und Schauen und Wissen unsäglich langsam vollendet ward und so ganz anders als unser Angesicht. Wir stellen Bilder aus uns hinaus, wir nehmen jeden Anlaß wahr, weltbildend zu werden, wir errichten Ding um Ding um unser Inneres herum –: hier aber war eine Wirklichkeit, die sich von außen in diese Züge warf, die nichts als Stein sind. Der Morgen von Jahrtausenden, ein Volk von Winden, der Aufstieg und Niedergang unzähliger Sterne, der Sternbilder großes Dastehn, die Glut dieser Himmel und ihre Weite war da und war immer wieder da, einwirkend, nicht ablassend von der tiefen Gleichgültigkeit dieses Gesichtes, so lange, bis es zu schauen schien, bis es alle Anzeichen eines Schauens genau *dieser* Bilder aufwies, bis es sich aufhob wie das Gesicht zu einem Innern, darin alles dies enthalten war und Anlaß und Lust und Not zu alledem. Und da, in dem Augenblick, da es voll war von allem Gegenüber und geformt von seiner Umgebung, war ihm auch schon der Ausdruck hinausgewachsen über sie. Nun wars, als ob das Weltall ein Gesicht hätte, und dieses Gesicht warf Bilder darüber hinaus, bis über die äußersten Gestirne hinaus, dorthin, wo nie noch Bilder gewesen waren [...] unendlicher Raum, Raum, der hinter den

Sternen weitergeht, muß, glaub ich, um dieses Bild herum entstanden sein.«[3]

Fast auf den Tag sieben Jahre nach diesem Brief an Clara, am 1. Februar 1914, beschreibt Rilke von Paris aus Magda von Hattingberg anläßlich ihres Besuchs im Ägyptischen Museum von Berlin in der Rückschau seine tatsächliche Erfahrung mit dem Sphinxgebilde in einer Vollmondnacht des Jahres 1912: »An diesem schrägen Hange, gegen dem riesigen Gebilde über, suchte ich mir einen Platz und lag, in meinen Mantel gehüllt, erschrocken, namenlos theilnehmend, da. Ich weiß nicht, ob mir jemals mein Dasein so völlig zum Bewusstsein kam, wie in jenen Nachtstunden, in denen es allen Werth verlor: denn was war es gegen dies alles? Das Niveau, auf dem es sich abspielte, war ins Dunkel gerückt, alles, was Welt und Dasein ist, ging auf einer höheren Szene vor, auf der ein Gestirn und ein Gott sich schweigend entgegenweilten. Sie werden sich auch erinnern, dies erlebt zu haben: dass der Blick auf eine Landschaft, auf das Meer, auf die groß ausgestirnte Nacht uns die Überzeugung von Zusammenhängen und Einverständnissen eingiebt, die wir nicht zu überschauen vermöchten; dies gerade war es, was ich in einem höchsten Grade erfuhr, hier erhob sich ein Gebild, das nach dem Himmel ausgerichtet war, an dem die Jahrtausende nichts wirkten als ein wenig verächtlichen Verfall, und es war das Unerhörteste, dass dieses Ding menschliche Züge trug.«[4]

Erst 1922 in der zehnten *Duineser Elegie* fand Rilkes ägyptische Erfahrung der kosmisch-menschlichen Dimension des Göttlichen, vermittelt durch die Zeugnisse der Großkulturen, ihren kryptischen dichterischen Niederschlag.

> Abends führt sie ihn hin zu den Gräbern der Alten
> aus dem Klage-Geschlecht, den Sibyllen und Warn-Herrn.
> Naht aber Nacht, so wandeln sie leiser, und bald
> mondets empor, das über Alles
> wachende Grab-Mal. Brüderlich jenem am Nil,
> der erhabene Sphinx –: der verschwiegenen Kammer
> Antlitz.
> Und sie staunen dem krönlichen Haupt, das für immer,
> schweigend, der Menschen Gesicht
> auf die Waage der Sterne gelegt.[5]

Eine Stadt Himmels und der Erden: Toledo

Wie sich Rilke auf Ägypten durch die Imagination von Nil, Wüste und Sphinx vorbereitet hatte, so auf Spanien durch El Greco, seit er dessen Bild von Toledo 1908 im Salon d'Automne von Paris gesehen hatte. »Vielleicht täusche ich mich«, schrieb er am 16. Oktober auf Französisch vorsichtig an Rodin, »wenn ich mich mit einer gewissen Heftigkeit an dieses Bild hänge.«[6] Rilke hatte sich nicht getäuscht. Je mehr Werke El Grecos er in den folgenden Jahren zu Gesicht bekam, um so hingerissener war er. Am 2. Oktober 1912 heißt es an seinen Verleger Anton Kippenberg: »Ich gedenke nämlich, diesen Herbst und soweit als möglich einen Theil des Winters in Spanien zu verbringen, [...] mich in Toledo niederzulassen und dort zu wohnen. Sie wissen, daß Greco zu den größesten Ereignissen meiner letzten zwei oder drei Jahre gehört, das Bedürfnis, sich gewissenhafter mit ihm einzulassen sieht beinah wie eine Berufung aus, wie eine tief innen eingesetzte Pflicht.«[7] Am 1. November 1912 begann Rilke seine Spanienreise, die ihn über Toledo, Córdoba und Sevilla nach Ronda führte, wo er vom 9. Dezember bis 19. Februar 1913 blieb, bevor er über Madrid die Rückreise nach Paris antrat.

Welchen Eindruck Toledo auf Rilke machte, beschreibt er am 13. November an die Gräfin von Thurn und Taxis: »[...] zu sagen ist vielmehr, (ach, es ist doch kein Ausdruck dafür da) wie sehr hier alles im Außerordentlichen vor sich geht, im Überlebensgroßen, ich kann mir gar nicht vorstellen, wie Leute, denen dies nicht so rein, so unbedingt, so ohne allen Zweifel aufgetragen worden war, es sich erklären –, ich meine: wofür sie es halten, wo sie es einräumen, was sie damit innerlich thun. ›Eine Frau Himmels und der Erden‹ hat der Jesuit Ribadaneira [...] von der Jungfrau Maria gesagt, dies ließe sich an diese Stadt anwenden: eine Stadt Himmels und der Erden, denn sie ist wirklich in beidem, sie geht durch alles Seiende durch, ich versuchte neulich, [...] es in einem Satz verständlich zu machen, indem ich sagte, sie sei in gleichem Maaße für die Augen der Verstorbenen, der Lebenden und der Engel da, – ja, hier ist ein Gegenstand, der allen den drei, so weit verschiedenen Gesichtern zugänglich sein möchte, über ihm, meint man, könnten sie zusammenkommen und eines Eindrucks sein. Diese unvergleichliche Stadt hat Mühe, die aride, unverminderte, ununterworfene Landschaft, den Berg, den puren Berg, den Berg der Erscheinung, in ihren Mauern zu halten, – ungeheuer tritt die Erde aus ihr aus und wird unmittelbar vor den Thoren: Welt, Schöpfung, Gebirg und Schlucht, Genesis. Ich muß immer wieder an einen Propheten denken bei dieser Gegend, an einen, der aufsteht vom Mahl, von der Gastlichkeit, vom Beisammensein, und über den gleich, auf der Schwelle des Hauses noch, das Prophezeihen kommt, die immense Sehung rücksichtsloser Gesichte –: so gebärdet sich diese Natur rings um die Stadt, ja selbst in ihr, da und dort, sieht sie auf und kennt sie nicht und hat eine Erscheinung. Und was mich angeht mitten in alledem, so staun ich immer noch, wie sehr ich auf jedes Einzelne vorbereitet war [. . .]. Greco's hab ich seither viele gesehen und einzelne mit sehr unbedingter Bewunderung; im Ganzen aber ist er natürlich nun ganz anderswo innerlich einzuordnen; bisher, wo man ihn sah, bedeutete er alles dies, für den Hierseienden geht er zunächst im Vorhandenen unter, ist nur wie eine schöne Schnalle, die die große Erscheinung fester um die Dinge zusammennimmt.«[8]

Dichterischen Niederschlag hat Rilkes Toledoerfahrung in der »Spanischen Trilogie« gefunden, die Rilke zwischen dem 6. und 14. Januar 1913 in Ronda niederschrieb. In deren erstem Teil, einem Gebet, fleht der Dichter den »Herrn« an, »aus mir und alledem ein einzig Ding zu machen«: die Bitte des Mystikers um das Einssein mit dem »Welthaft-Irdischen«, in dem das Göttliche gegenwärtig ist und sich dem offenbart, der sich ihm öffnet.

Aus dieser Wolke, siehe: die den Stern
so wild verdeckt, der eben war – (und mir),
aus diesem Bergland drüben, das jetzt Nacht,
Nachtwinde hat für eine Zeit – (und mir),
aus diesem Fluß im Talgrund, der den Schein
zerrissner Himmels-Lichtung fängt – (und mir);
aus mir und alledem ein einzig Ding
zu machen, Herr: aus mir und dem Gefühl,
mit dem die Herde, eingekehrt im Pferch,
das große dunkle Nichtmehrsein der Welt

ausatmend hinnimmt –, mir und jedem Licht
im Finstersein der vielen Häuser, Herr:
ein Ding zu machen; aus den Fremden, denn
nicht Einen kenn ich, Herr, und mir und mir
ein Ding zu machen; aus den Schlafenden,
den fremden alten Männern im Hospiz,
die wichtig in den Betten husten, aus
schlaftrunknen Kindern an so fremder Brust,
aus vielen Ungenaun und immer mir,
aus nichts als mir und dem, was ich nicht kenn,
das Ding zu machen, Herr Herr Herr, das Ding,
das welthaft-irdisch wie ein Meteor
in seiner Schwere nur die Summe Flugs
zusammennimmt: nichts wiegend als die Ankunft.[9]

Gott von Mohammed her gefühlt

Rilkes Reise nach Nordafrika und Spanien war für ihn nicht nur eine neue Begegnung mit der kosmischen und kulturellen Dimension Gottes, sondern auch mit der Welt des Islam, die ihn aus seiner gewohnten Ordnung des Religiösen herausriß.

Am 15. Februar 1911 schreibt er rückschauend an seine Mäzene Karl und Elisabeth von der Heydt: »Immerhin Sie wissen, wie ich nach dem Orient verlangt habe: nun ist er mir so oder so in Erfüllung gegangen, Ablagerungen ungeheuerer Thatsachen haben sich zwischen gestern und morgen herangehäuft, Ordnung ist keine, garkeine, aber da hab ich nun meine Wasserscheide und werde nun wohl nicht anders können, als von alledem hinab nach der neuen Seite abzufließen. Es lohnt sich immerhin, Gott von Mohammed her gefühlt zu haben (diesen vielleicht anwendbarsten Gott) und neben diesen Menschen sich als Mensch zu versuchen in den Moscheen, in den Bazaren und draußen überall in dem unverstellten Weltraum, oder irgendwo die Hand auf die Erdoberfläche selbst zu legen, auf das pure Gestirn Erde –: lieber Gott, mir ahnt, daß ich doch allerhand mitbringe, neue Ordnungen, obwohl ich fast die ganze Zeit ein bestürzter Mensch gewesen bin.«[10]

Bereits 1907, im Jahr der Ägyptenreise seiner Frau Clara, hatte sich Rilke mit dem Islam befaßt und in dem Gedicht »Mohammeds Berufung« eine Parallele zwischen der Berufung des Propheten und der des Dichters gesehen:

> Da aber als in sein Versteck der Hohe,
> sofort Erkennbare: der Engel, trat,
> aufrecht, der lautere und lichterlohe:
> da tat er allen Anspruch ab und bat
>
> bleiben zu dürfen der von seinen Reisen
> innen verwirrte Kaufmann, der er war;
> er hatte nie gelesen – und nun gar
> ein *solches* Wort, zu viel für einen Weisen.
>
> Der Engel aber, herrisch, wies und wies
> ihm, was geschrieben stand auf seinem Blatte,
> und gab nicht nach und wollte wieder: *Lies*.
>
> Da las er: so, daß sich der Engel bog.
> Und war schon einer, der gelesen *hatte*
> und konnte und gehorchte und vollzog.[11]

Auf dem Weg nach Ronda in Südspanien reiste Rilke über Córdoba. Dort wurde der Besuch der Moschee La Mezquita für ihn zu einem Schock, wie er am 4. Dezember 1912 an Marie von Thurn und Taxis schreibt: »Diese Moschee; aber es ist ein Kummer, ein Gram, eine Beschämung, was man daraus gemacht hat, diese in das strähnige Innere hineinverfitzten Kirchen, man möchte sie auskämmen wie Knoten aus schönem Haar. Wie große Brocken sind die Kapellen der Dunkelheit im Hals stecken geblieben, die darauf angelegt war, Gott fortwährend mild zu verschlucken wie Saft einer Frucht die zergeht. Noch jetzt wars rein unerträglich, die Orgel und das Respondieren der Chorherren in diesem Raum zu hören [...], das Christenthum, dachte man unwillkürlich, schneidet Gott beständig an wie eine schöne Torte, Allah aber ist ganz, Allah ist heil.«

Am 11./12. Dezember teilt die Fürstin Rilkes Ansicht: »[...] war gerade so unglücklich und wüthend wie Sie über die Moschee – die Heiligste vom westlichen Islam – der Eckel vor den Menschen welche dieses Wunder vernichten wollten kann nur dadurch gemildert werden, daß es doch wieder Menschen waren die es geschaffen hatten –«

Von einer beinah rabiaten Antichristlichkeit

Auf Marie Taxis Brief vom 11./12. Dezember 1912 erwiderte Rilke am 17. Dezember aus Ronda in aller Offenheit: »Übrigens müssen Sie wissen, Fürstin, ich bin seit Cordoba von einer beinah rabiaten Antichristlichkeit, ich lese den *Koran*, er nimmt mir, stellenweise, eine Stimme an, in der ich so mit aller Kraft drinnen bin, wie der Wind in der Orgel. Hier meint man in einem Christlichen Lande zu sein, nun auch hier ists längst überstanden, christlich wars, solang man hundert Schritte vor der Stadt den Muth hatte, umzubringen, darüber gediehen die vielen anspruchslosen Steinkreuze, auf denen einfach steht: hier starb der und der, – das war die hiesige Version Christenthums. Jetzt ist hier eine Gleichgültigkeit ohne Grenzen, leere Kirchen, vergessene Kirchen, Kapellen die verhungern, – wirklich man soll sich länger nicht an diesen abgegessenen Tisch setzen und die Fingerschalen, die noch herumstehen, für Nahrung ausgeben. Die Frucht ist ausgesogen, da heißts einfach, grob gesprochen, die Schalen ausspucken. Und da machen Protestanten und amerikanische Christen immer noch wieder einen Aufguß mit diesem Theegrus, der zwei Jahrtausende gezogen hat. Mohammed war auf alle Fälle das Nächste, wie ein Fluß durch ein Urgebirg, bricht er sich durch zu dem einen Gott, mit dem sich so großartig reden läßt jeden Morgen, ohne das Telephon ›Christus‹, in das fortwährend hineingerufen wird: *Holla, wer dort?* und niemand antwortet.«[12]

Über das Verhältnis des Christentums, speziell der römisch-katholischen Kirche, zu den übrigen Religionen und zu seiner Auffassung vom Künstler äußerte sich Rilke von Paris aus am Vorabend des Ersten Weltkrieges in einem Brief an den katholischen Dichter Reinhard Johannes Sorge vom 4. Juni 1914: »Die Besorgnis, die ich einmal früher aussprach, scheint auch mir jetzt fast überflüssig; wenn Sie sich ganz imstande wissen, innerhalb der angenommenen und leidenschaftlich anerkannten Umfriedigung jede Bewegung und Darstellung Ihres Herzens auszuführen, wenn auch die äußersten Worte und letzten Schreie noch in dem Umkreis Raum haben, den Sie die Kirche nennen, so ist es natürlich, daß Sie darin uneingeschränkt alle Beweglichkeit finden, zu der Ihr Wesen angelegt ist. Ich habe Ihnen schon bei unserer ersten Begegnung nicht verhehlt, daß es sich für mich anders verhält; im rein Geistigen mag, wenn man sie ganz groß auffaßt, die Kirche ein unabsehbarer Umkreis sein, der größte irdische, der, über eine fast unscheinbare Spur, ins Ewige übergeht –; wo aber einer (wie ich es bin) zunächst zu einer Sichtbarmachung des Geistigen verpflichtet ist, da muß ihm die Kunst als die überaus größere (als seine weiteste ins Unendliche überführende) Lebensperipherie einleuchten: müßte er doch sonst sich versagen, ihren Gesetzen und Gestaltungen bis in jene Werke zu folgen, die außerhalb der christlichen Glaubensluft entstanden sind und immer noch, da und dort, in reinster Gültigkeit entstehen. Daß innerhalb der christlichen Kirche Gotteswege von seligstem Aufstieg und von der tiefsten Leistung können begangen werden, dafür sind die ungeheueren Beweise der Heiligenleben da und neben ihnen manches starke und herzliche Überstehen, vielleicht in unserer nächsten Nachbarschaft. Aber diese Überzeugung und Erfahrung schließt in mir nicht die Gewißheit aus, daß die gewaltigsten Verhältnisse zu Gott, wo Not und Antrieb zu ihnen da ist, auch im außerchristlichen Gemüt, in irgend einem ringenden Menschen, sich auszubilden vermögen, wie ja die ganze Natur, wo sie nur ihren Willen haben darf, unerschöpflich zu Gott übergeht.«[13]

Maßstab Altes Testament

Rilke setzte sich in Spanien nicht nur mit dem Islam und dem Christentum auseinander, sondern – wenn auch mehr am Rande – mit dem Judentum. Am 28. November 1912 schreibt er an Elsa Bruckmann, die Frau des Münchner Verlegers Hugo Bruckmann, über die archaische Landschaft von Toledo, die ihn nahezu sprachlos machte: »[...] aber schließlich ist ein einziges unter diesen Umständen möglich: das Alte Testament, der Maßstab ist fast der gleiche, man schlägt die Bibel auf und liest in der Landschaft weiter, eine Landschaft, über die der Geist ihrer Großheit kommt, überall, vor jedem Tor bricht sie in Größe aus, und die Stadt selbst ist so unmittelbar ohne eine Schicht, die sie isoliert, auf die Erde, auf die erschaffene Erde gestellt, wie auf alten Kupfern der Turm zu Babel.«[14]

Daß Rilke auch auf Reisen seine Bibel mit sich führte, hatte er schon am 5. April 1903 aus Viareggio Franz Xaver Kappus bekannt: »Von allen meinen Büchern sind mir nur wenige unentbehrlich«, darunter »die Bibel«.[15] Was Rilke am biblischen Judentum faszinierte und was er in Toledo wiederfand, war die unmittelbare Erfahrung des Göttlichen in der Natur und in der Geschichte noch vor jedem dogmatischen Glaubensbekenntnis.

Am 28. Dezember 1921 zieht Rilke in einem Brief aus Muzot an die zweiundzwanzigjährige Lyrikerin Ilse Blumenthal-Weiss, deren Mann und Sohn im Konzentrationslager umkommen werden, die Summe seiner lebenslangen Auseinandersetzung mit dem Judentum: »Glauben! – Es gibt keinen, hätte ich fast gesagt. Es gibt nur – die Liebe. Die Forcierung des Herzens, das und jenes für wahr zu halten, die man gewöhnlich Glauben nennt, hat keinen Sinn. Erst *muß* man Gott irgendwo finden, ihn erfahren, als so unendlich, so überaus, so ungeheuer vorhanden –, dann sei's Furcht, sei's Staunen, sei's Atemlosigkeit, sei's am Ende – Liebe, *was* man dann zu ihm faßt, darauf kommt es kaum noch an, – aber der Glaube, dieser Zwang zu Gott, hat keinen Platz, wo einer mit der Entdeckung Gottes begonnen hat, in der es dann kein Aufhören mehr gibt, mag man an welcher Stelle immer begonnen haben. – Und Sie, als Jüdin, mit so viel unmittelbarster Gotterfahrung, mit so altem Gottesschrecken im Blut, sollten sich um ein ›Glauben‹ gar nicht kümmern müssen. Sondern einfach *fühlen*, in Ihrer Gegenwart die Seine: und wo Er, Jehova, *gefürchtet* werden wollte – da wars ja nur, weil es in vielen Fällen kein anderes Mittel gab zu gegenseitiger Nähe von Mensch und Gott als eben die Furcht. Und Furcht vor Gott ist ja nur, sozusagen, die *Schale* eines Zustandes, dessen Inneres *nicht* nach Furcht schmeckt, sondern bis zur unsäglichsten Namenlosigkeit und Süßigkeit reifen kann, für den, der darinnen sich verliert. – Sie haben, vergessen Sie das nicht, einen der größten Götter des Weltalls in Ihrer Herkunft, einen, zu dem man sich nicht wie zu jenem Christengott irgendwann bekehren kann – Einen, dem man *gehört*, von Volkes wegen, weil er einen von jeher in den Vätern gemacht und gestaltet hat, so daß jeder Jude in Ihm (und in dem, den keiner darf zu nennen wagen) eingesetzt ist, unausreißbar eingepflanzt in Ihm, mit der Wurzel seiner Zunge!«[16]

Rilkes Faszination durch das Judentum reichte bis in die Prager Jugendzeit zurück. In dem Gedichtband *Larenopfer* von 1895 finden sich bereits neben christlichen Motiven auch jüdische, so außer dem Gedicht über den legendären »Rabbi Löw« das Sonett »An Julius Zeyer«, den jüdisch-tschechischen Schriftsteller, mit dessen jüdischer Nichte Valerie David von Rhonfeld Rilke befreundet war.

Du bist ein Meister; – früher oder später
spannt sich dein Volk in deinen Siegeswagen;
du preisest seine Art und seine Sagen, –
aus deinen Liedern weht der Heimat Äther.

Dein Volk tut recht, – nicht, voll von wahngeblähter
Vergangenheit, die Hand im Schoß zu tragen,
es kämpft noch heut und muß sich tüchtig schlagen,
stolz auf sich selbst und stolz auf seine Väter.

Es hat dein Volk sich seine Ideale
noch nicht versetzen lassen zu den Sternen,
die unerreichbar sind und Sehnsucht glasten;

du aber mahnst, ein echter Orientale,
es möge in dem Ringen nicht verlernen
auch im Alhambrahof die Kunst zu rasten.[17]

Auf seiner späteren Spanienreise besuchte Rilke außer Toledo und Ronda noch kurz Córdoba und Sevilla, jedoch nicht die Alhambra in Granada, wo 1492 durch die christliche Rückeroberung das einträchtige Zusammenleben von Moslems, Juden und Christen beendet wurde. Außer den Moslems wurden die etwa 200 000 Juden zwangsgetauft oder ausgewiesen.

Die letzte Zeile des Gedichts an Julius Zeyer zeigt, daß schon dem jungen Rilke in Prag nicht nur die Leidensgeschichte der Juden gegenwärtig war, sondern auch deren unersetzlicher Beitrag zur abendländischen Kunst und Kultur. So suchte er später den Kontakt mit jüdischen Gelehrten, Künstlern und Autoren, unter anderen mit Jakob Wassermann, Georg Simmel, Maximilian Harden, Richard Beer-Hofmann, Stefan Zweig, Martin Buber und Franz Werfel.

Die innere Mobilität und geistige Freiheit des jüdischen Intellektuellen, wie Rilke sie in einem anderen Brief vom 25. April 1922 aus Muzot an Ilse Blumenthal-Weiss charakterisiert, war auch sein Ideal und sein Schicksal. Nur die Verwurzelung in Gott, das war Rilkes Erfahrung, konnte ihn vor einem Scheitern bewahren. »Die Mobilität und Versetzbarkeit des inneren Zentrums, seine Unabhängigkeit (aber zugleich Wurzellosigkeit, wenn nicht die Besinnung bis zur Wurzel in Gott hinunterführt) – der eigentlich transportable Geist ist durch das Schicksal des Juden in die Welt gekommen: eine unerhörte Gefahr und eine unerhörte Freiheit der Bewegung.«[18]

7. Die Liebe und der phallische Gott

Bruder Körper ist arm...: da heißt es, reich sein für ihn.[1]

Am 22. Januar 1914 erhielt der neununddreißigjährige Rilke, als er sich gerade in einer Schaffenskrise befand, in Paris von der einunddreißigjährigen Konzertpianistin Magda von Hattingberg aus Wien, die Rilkes *Geschichten vom lieben Gott* gelesen hatte, einen Brief. Daraus entwickelte sich innerhalb von vier Wochen eine Korrespondenz zwischen zwei Liebenden, zwischen Rilke und »Benvenuta«, wie er sie nannte, der »Willkommenen«.

Ich will einsam sein: Magda von Hattingberg

Bereits der Brief Rilkes vom 8. Februar zeigt die religiöse Dimension, in der Rilke diese Liebe erlebte, und deutet die Aufgabe an, das Geliebtwerden in Liebe zu verwandeln, die den anderen mehr zu sich selbst verhilft: »Ach, meine Schwester, Theure, bist Du da, ist es möglich, hat Gott Dich mir geschenkt in den Jahren meiner Lebensnoth, damit ich überstünde? Darf ich die Welt fühlen, ihre Luft athmen, sicher, dass sie *Dich* enthält, Befreundete, wie ich weiß, dass Gott in ihr enthalten ist, den ich kenne, den ich so grenzenlos erfahren habe in der Seeligkeit meiner Arbeit, wie Du in Deiner Musik. Liebes Herz, ich habe Gott lange nichts gebeten (denn um meine Kunst, bitt ich ihn nicht, dazu sind wir zu stolz gegen einander: die muss er mir in[s] Herz stürzen, wenn ers nicht lassen kann –) Schwester, nun *bitt* ich ihn, er möchte mich Dich lieben lassen, Benvenuta, mit allen Wurzeln meines Herzens, so dass diese Liebe Dir wohlthäte, schönes Herz, dass sie Deine Freudigkeit in Dir unterhielte.« Zu der Liebe, wie Rilke sie mit der Zeit für sich als einzig mögliche erkannt hat, gehört die Einsamkeit als Gesetz eines der Kunst geweihten Lebens: »[...] ich will einsam sein, war *ers* nicht, Beethoven, um seiner Musik willen, und ward ihm in seinem Gehör nicht auch noch das letzte Gegenüber genommen, damit er nur noch rausche wie der Urwald und vergäße, dass es möglich sei, das Andere zu sein, das den

Urwald hört und sich fürchtet. Meine Freundin, glaub mir, ich will ja *nur dies*. Und mit dem gleichen Athem mit dem ich Gott bitte, dass er mich Dich recht lieben lasse, bitt ich ihn, fleh ich ihn an, die Kraft in mir zu bestärken, den Willen, die Lust zur ringendsten Einsamkeit, denn in meiner ganzen Natur ist keine Stelle, der das nicht Bestimmung war. O fühlst Du, Schwester, fühlst du im Herzen Deines Bruders, wenn Du's an deine Hände hältst, den unsäglichen Drang, alles fortzustoßen, ach alle Zärtlichkeit, und von That zu That den harten, den herrlichen Weg der Handlung zu gehen, unaufhaltsam? Fühlst Du's? Und dass man mir am Ende gar keinen Scheiterhaufen zu schichten brauchte, dass ich selber das Feuer meines Jubels anlegte an mein wollendes Herz, dass es sich restlos verzehre und in einer einzigen Flamme zu Gott hinausschlüge.«[2]

Am 26. Februar trafen Rilke und Benvenuta in Berlin zusammen. Vom 20. März an begleitete er sie auf einer Konzertreise über München, Innsbruck, Zürich, Winterthur und Basel nach Paris. Vom 20. April bis 4. Juni waren sie auf Einladung der Fürstin Marie von Thurn und Taxis auf deren Schloß in Duino und anschließend in Venedig.

Um so mehr erschütterte Rilke die Einsicht, daß ihm auch mit Magda von Hattingberg die Verbindung von intransitiver Liebe und Berufung als Dichter nicht gelungen war, wie er im Brief an Lou Andreas-Salomé vom 8. Juni 1914 klagt: »Liebe Lou, seit einem Monat bin ich wieder allein, und dieses ist mein erster Versuch, zur Besinnung zu kommen –; Du siehst, wie es um sie bestellt ist. Man wird am Ende manches dabei gelernt haben, – vor der Hand freilich merk ich immer wieder nur dieses: daß ich wiederum einer reinen und frohen Aufgabe nicht gewachsen war, in der das Leben noch einmal, arglos, verzeihungsvoll, als ob es gar keine bösen Erfahrungen mit mir gemacht hätte, zu mir herübertrat. Nun ist es klar, daß ich auch diesmal durch die Prüfung gefallen bin und nicht aufsteige.«[3] Entsprechend lautet denn auch die Widmung, die Rilke vermutlich im Herbst 1915 vor der drohenden Einberufung zum Kriegsdienst in das Benvenuta geschenkte Exemplar des *Stunden-Buchs* schrieb »mit Worten, die hindern, daß Du es je wieder weitergibst«:

Erränge man's wie einst als Hingeknieter,
ich lebte längst aus Gottes Geist,
doch jetzt befiehlt ein *schreitender* Gebieter,
der uns im Gehn gehorchen heißt.

Da bleib ich weit hinter den anderen,
denn ich kann *nicht* gehn als auf meinen Knien.
Aber wie einst den knieend Schreitenden
ist jetzt den Gehenden die Zeit verziehn.[4]

Plädoyer für eine phallische Gottheit

Durch die Begegnung mit Magda von Hattingberg erfuhr Rilke in neuer Eindringlichkeit: »Gott bauen« kann sich für den Künstler nicht im bloßen Schauen des Göttlichen und in Dichtungen über Gott erschöpfen, sondern muß in praktisches Tun, in Liebe zu den Menschen übergehen, soll es zu einem nicht nur eingebildeten, sondern wirklichen, wirksamen Kontakt mit Gott kommen.

Zehn Tage nach dem oben zitierten Brief an Lou vom 8. Juni 1914 verfaßt Rilke sein Gedicht »Waldteich«, in dem er seine Zerrissenheit zwischen dem stürmischen Draußen – eine Vorahnung des wenig später im August 1914 ausbrechenden Ersten Weltkriegs – und seinem beschaulichen Inneren beschreibt, eine Zerrissenheit, die nicht nur seine zwischenmenschlichen Beziehungen belastet, sondern auch sein Selbstverständnis als Dichter erschüttert angesichts eines Gottes, der Hingabe und Bindung fordert.

Soll ich mich des Sturmmeers jetzt entsinnen
oder Bild des Teichs in mir behüten
oder, weil mir beide gleich entrinnen,
Blüten denken –, jenes Gartens Blüten –?
Ach wer kennt, was in ihm überwiegt.
Mildheit? Schrecken? Blicke, Stimmen, Bücher?
Und das alles nur wie stille Tücher
Schultern einer Kindheit angeschmiegt,
welche schläft in dieses Lebens Wirrn.

Daß mich Eines ganz ergreifen möge.
Schauernd berg ich meine Stirn,
denn ich weiß: die Liebe überwöge.

Wo ist einer, der sie kann?
Wenn ich innig mich zusammenfaßte
vor die unvereinlichsten Kontraste:
weiter kam ich nicht: ich schaute an;
blieb das Angeschaute sich entziehend,
schaut ich unbedingter, schaute knieend,
bis ich es in mich gewann.

Fand es in mir Liebe vor?[5]

In einer Prosanachschrift zu dem Gedicht wünscht sich Rilke: »Daß dieses leerzehrende Aus mir hinausschaun abgelöst werde durch ein liebevolles Bemühtsein um die innere Fülle.«[6] In dem zur gleichen Zeit, am 20. Juni 1914 entstandenen Gedicht »Wendung« ringt Rilke weiter um den Vorrang der Liebe, die bei ihm durch Bindungsangst und anscheinend auch durch exzessive Onanie gefährdet war. »Liebe Lou«, schrieb er aus Paris am 26. Juni 1914 der ehemals Geliebten nach Göttingen, die jetzt zu seiner Therapeutin geworden war: »Du *weißt* und *begreifst*; könnt ich's nur von Dir aus sehen eine Sekunde, so wie ich Dir's glaube, der einsehende Andre sein, ich käme gestärkt in meine Verstrickungen zurück, die unabsehbaren, so weither vorbereiteten. Gott weiß wie weit das Gedicht ›*Wendung*‹ dem Antritt jener neuen Verhältnisse vorangeht, ich bin weit dahinten, Gott weiß, ob solche Umstürze überhaupt noch zu leisten sind, da die eigensinnigen Kräfte immer noch fortfahren sich zu mißbrauchen und sich in den ungeheuerlichsten Mißverständnissen zu erschöpfen. Darum erhoffte ich mir so unbeschreiblich viel von der endlich richtigen liebevollen Einstellung zu einem Menschen, weil damit alle Distanzen richtiggestellt worden wären: die zur Welt wäre wieder gleich = unendlich geworden, die zum eigenen Körper gleich = Null und dazwischen alle Zahlen in argloser Abstufung. So hat die übertriebene Aufmerksamkeit mir manches Einzelne überlebensgroß nahgerückt und andererseits zwischen mir und dem eigenen Körper, ihn aufreizend, Beziehungen eingeschoben, die wahrscheinlich von derselben Verirrung sind wie meine Beziehungen zum Leiblichen überhaupt. So ist Unheil eingerissen in jedes Äderchen, jeder Muskel hat einen falschen Bug bekommen. [...] Ich bin wie eine kleine Anemone, die ich einmal in Rom im Garten gesehen habe, sie war tagsüber so weit aufgegangen, daß sie sich zur Nacht nicht mehr schließen konnte. [...] dazwischen, zwischen dieser ununterbrochenen Hinaussüchtigkeit und jenem mir selbst kaum mehr erreichbaren inneren Dasein, sind die eigentlichen Wohnungen des gesunden Gefühls, leer, verlassen, ausgeräumt, eine unwirtliche Mittelzone, deren Neutralität auch erklärlich macht, warum alles Wohlthun von Menschen und Natur an mich vergeudet bleibt.«[7] Eindringlich schilderte Rilke in »Wendung« seine Einsamkeit und sein zerrüttetes Verhältnis zu seinem Körper, ferner das Urteil des als »es« bezeichneten Göttlichen über ihn sowie schließlich den verzweifelten Appell an sich, endlich das »Herz-Werk« der Liebe zu vollbringen.

> Wenn er, ein Wartender, saß in der Fremde; des Gasthofs
> zerstreutes, abgewendetes Zimmer
> mürrisch um sich, und im vermiedenen Spiegel
> wieder das Zimmer
> und später vom quälenden Bett aus
> wieder:
> da beriets in der Luft,
> unfaßbar beriet es
> über sein fühlbares Herz,
> über sein durch den schmerzhaft verschütteten Körper
> dennoch fühlbares Herz
> beriet es und richtete:
> daß es der Liebe nicht habe.
>
> (Und verwehrte ihm weitere Weihen.)
>
> Denn des Anschauns, siehe, ist eine Grenze.
> Und die geschautere Welt
> will in der Liebe gedeihn.

Werk des Gesichts ist getan,
tue nun Herz-Werk
an den Bildern in dir, jenen gefangenen; denn du
überwältigtest sie: aber nun kennst du sie nicht.
Siehe, innerer Mann, dein inneres Mädchen,
dieses errungene aus
tausend Naturen, dieses
erst nur errungene, nie
noch geliebte Geschöpf.[8]

Ein gutes Jahr später, im Herbst 1915, versuchte Rilke in einem Zyklus von sieben Gedichten seinen Erfahrungen mit der phallischen Sexualität durch Anspielung auf die Götter Hermes und Dionysos eine religiöse Dimension zu geben und sie dadurch in die zwischenmenschliche Liebe zu integrieren:

Von dir gestiftet steht des Gottes Bild
am leisen Kreuzweg unter meinem Kleide;
mein ganzer Körper heißt nach ihm. Wir beide
sind wie ein Gau darin sein Zauber gilt.

Doch Hain zu sein und Himmel um die Herme
das ist an dir. Gieb nach. Damit
der freie Gott inmitten seiner Schwärme
aus der entzückt zerstörten Säule tritt.

Und die letzten beiden Gedichte lauten:

Wem sind wir nah? Dem Tode oder dem,
was noch nicht ist? Was wäre Lehm an Lehm,
formte der Gott nicht fühlend die Figur,
die zwischen uns erwächst. Begreife nur:
das ist mein Körper, welcher aufersteht.
Nun hilf ihm leise aus dem heißen Grabe
in jenen Himmel, den ich in dir habe:
daß kühn aus ihm das Überleben geht.
Du junger Ort der tiefen Himmelfahrt.

Du dunkle Luft voll sommerlicher Pollen.
Wenn ihre tausend Geister in dir tollen,
wird meine steife Leiche wieder zart.

Wie rief ich dich. Das sind die stummen Rufe,
die in mir süß geworden sind.
Nun stoß ich in dich Stufe ein um Stufe
und heiter steigt mein Samen wie ein Kind.
Du Urgebirg der Lust: auf einmal springt
er atemlos zu deinem innern Grate.
O gieb dich hin, zu fühlen wie er nahte;
denn du wirst stürzen, wenn er oben winkt.[9]

Doch Rilkes Hoffnung auf eine religiöse Aufwertung des Geschlechtlichen vor allem im Christentum ging nicht in Erfüllung, wie er am 23. März 1922 gegenüber dem neunzehnjährigen Jurastudenten Rudolf Bodländer beklagt: »Das Entsetzliche ist, daß wir keine Religion besitzen, in der diese Erfahrungen, so wörtlich und handgreiflich wie sie sind [...], in den Gott gehoben werden dürfen, in den Schutz einer phallischen Gottheit, die vielleicht die *erste* wird sein müssen, mit der wieder eine Götterschar bei den Menschen einbricht, nach so langer Abwesenheit.«[10] Noch am 31. Oktober 1925 heißt es in einem Brief an Lou Andreas-Salomé: »[...] ich lebe seit zwei Jahren mehr und mehr in der Mitte eines Schreckens, dessen greifbarste Ursache (eine an mir selbst ausgeübte Reizung) ich, mit teuflischer Besessenheit immer dann am Meisten steigere, wenn ich eben meine, die Versuchung dazu überwunden zu haben. Es ist ein entsetzlicher Cirkel, ein Kreis böser Magie, der mich einschließt wie in ein Breughel'sches Höllenbild. [...] Siehst Du jemanden im Umkreis Deiner Welt, der mir helfen könnte?: Ich sehe nur Dich, aber wie Dich wirklich erreichen? Reisen könnte ich jetzt schwerlich, könntest Du's?«[11] Auch Lou konnte es nicht mehr. Es war, als zöge sich Gott immer mehr von Rilke zurück.

Am 1. Mai 1926, sieben Monate vor seinem Tode, wandte sich Rilke im Sanatorium von Val-Mont in einer an Franz von Assisi erinnernden Brüderlichkeit gegenüber allen Geschöpfen an seinen Körper. Das Gedicht ist erfüllt vom Geist der Versöhnung und des Friedens, wenn nicht gar eines verhaltenen Rühmens gegenüber dem zwar nicht genannten, aber auch im Körperlichen anwesenden phallischen Gott.

> Bruder Körper ist arm . . .: da heißt es, reich sein für ihn.
> Oft war *er* der Reiche: so sei ihm verziehn
> das Armsein seiner argen Momente.
> Wenn er dann tut, als ob er uns kaum noch kennte,
> darf man ihn leise erinnern an alles Gemeinsame.
>
> Freilich sind wir nicht Eines, sondern zwei Einsame:
> unser Bewußtsein und Er;
> aber wie vieles, das wir einander weither
> verdanken,
> wie Freunde es tun! Und man erfährt im Erkranken:
> Freunde haben es schwer![12]

In den Armen seiner Priesterin: Baladine Klossowska

»Ein Tempelchen möchte ich Dir bauen, und alles hineintragen Dir zur Ehre und Freude – Platz, Zeit, Muße und Freiheit wollte ich haben für meinen Hirten. Er selbst könnte reisen – wandern – weg sein, nur manchmal sollte er lebendig werden in den Armen seiner Priesterin.«[13] Das schrieb die Malerin Elisabeth Dorothée Klossowska, geborene Spiro, mit dem Künstlernamen Baladine, am 28. Februar 1921 an Rilke in Formulierungen, die der von Rilke ersehnten »intransitiven« Liebe nahekommen.

Er hatte Baladine noch vor dem Krieg in Paris flüchtig kennengelernt. 1881 in Breslau als Tochter des Kantors an der Synagoge am Storch geboren, sechs Jahre jünger als Rilke, war sie in Berlin aufgewachsen und dann nach Paris gegangen, wo sie den Maler und Kunstschriftsteller Erich Klossowski heiratete und zum Katholizismus übertrat. Nach Ausbruch des Krieges siedelte die Familie mit ihren zwei Söhnen Pierre und Baltusz nach Genf über, wo sich das Ehepaar trennte.

Juni 1919 suchte Rilke, darauf bedacht, sich in der Schweiz einen Bekanntenkreis aufzubauen, die Pariser Bekannte in Genf auf. Ein Jahr später, im August 1920, waren René und »Merline«, wie sie sich als Liebende nannten, ein Paar. Trotzdem behielten sie auf Rilkes Bitte, der mehr denn je auf seine Freiheit als Dichter bedacht war, in ihrer vorwiegend französisch geführten Korrespondenz meist das distanzierende »Vous« bei. Das hinderte sie nicht daran, in den folgenden Jahren alle Höhen und Tiefen einer großen Liebe zu erleben, von der sie beide meinten, sie sei ein Geschenk des Himmels. Sie war aber auch eine Prüfung, aus der beide geläutert hervorgingen.

So schreibt Merline, die mit ihren Kindern in die Ferien auf den Beatenberg am Thuner See aufgebrochen war, am Schluß ihres Briefes vom 13. August 1920 an den Geliebten: »Heut Nachmittag fliege ich auf den heiligen Berg; ich möchte meine Sorgen wie Wassertropfen abschütteln, um leicht, leicht da oben anzulangen. Ich bitte den lieben Gott, daß ich Sie dort oben wiedersehe und grüße Sie sehr bis dahin.«[14] Doch ließen die Krisen auch in dieser Liebe nicht lange auf sich warten. Obwohl beide die Notwendigkeit einsahen, sich eine Zeitlang nicht zu sehen, damit Rilke endlich die *Duineser Elegien* vollenden konnte, scheiterten ihre guten Vorsätze, als es ernst wurde.

Rilke gab sich darüber auf Schloß Berg am Irchel, wo er von November 1920 bis Mai 1921 die nötige Einsamkeit gehabt hätte, in dem Prosafragment *Das Testament* von April 1921 Rechenschaft. Es wurde erst 1974 aus dem Nachlaß veröffentlicht. Rilke spricht darin von sich in der dritten Person, die sich hätte glücklich schätzen dürfen über die Chance dieser Örtlichkeit und über seine neue Liebe, die er als eine »Gnade«, als unverdientes Geschenk Gottes feiert: »Und zu allem dies: die unerschöpfliche Gnade hatte ihn (wunderbar rechtzeitig, möchte man ausrufen) auch noch mit jener ungeheueren Bewegtheit überfüllt, die ein Herz überstürzt, das sich unter dem Andrang eines neuen Geliebtwerdens, entschließt, zu lieben. [. . .] Wenn sich nun hinter diesem so vollkommen Begünstigten und Begabten die Türe schließt, so meint man, ihn einem so großartig ausgestatteten Alleinsein mit Zuversicht überlassen zu dürfen. Die Anmerkungen indessen, die Briefentwürfe, in denen der Abschluß jenes merkwürdigen Winters, bruchstückhaft, niedergelegt ist, verzeichnen ein Mißlingen, einen grausamen, verwirrenden Verlust.«[15]

Denn am Neujahrstag 1921 hatte Rilke Schloß Berg verlassen, um der vor allem seelisch kranken Merline in Genf für zwei Wochen beizustehen. Dann nahm er sie mit nach Berg, wo sie bis Ende Januar blieb, und begleitete die Genesene auf ihrer Heimfahrt nach Genf bis Zürich.

In den nächsten Monaten quälten sich die Liebenden in ihren Briefen mit den immer drängender werdenden Problemen: Rilke mit seiner Zerrissenheit zwischen dem dichterischen Auftrag und seiner Liebe zu Merline, diese mit einem schlechten Gewissen Rilke gegenüber und mit Existenzsorgen um sich und ihre Kinder. Am 31. März schrieb sie Rilke verzweifelt und scheute das intime »Du« nicht: »Du mein süßer Freund, mein ganzes Leben bist Du. Oh René, Du mußt es doch wieder zurückempfinden, wie gewaltig es in mir braust.«[16] Anfang April flüchtete sie sich mit ihren Söhnen zu ihrem Bruder nach Berlin.

Der fiktive Briefentwurf am Ende von *Das Testament*, geschrieben Ende April, ist eine indirekte Antwort an Merline. »Wem, Geliebte, wem, wenn nicht Dir, soll ich diesen schweren Abschluß meines Herzens anvertrauen? Wenn er Dich in Not versetzt, bedenke, wie groß die Not sein muß, aus der hinaus ich das Folgende aufschreibe. [. . .] Mein Herz war aus der Mitte seiner Kreise hinausgerückt, an die Peripherie, dorthin, wo es Dir am nächsten war –, dort mag es groß sein, fühlend, jubelnd oder beängstigt, – es ist nicht in *seiner* Konstellation, es ist nicht das Herz meines Lebens. In unserer süßesten und vielleicht gerechtesten Stunde, Geliebte, hast Du mir versichert, daß Du nun alle Arten der Liebe zu mir fassen könntest. Ach, nimm Dich zusammen, ..., zu jener, wie sie nun heißen mag, die mir *mein* Leben gewährt, die es mir womöglich bestärkt. Ich kann nicht los von mir. Denn, wenn ich alles alles Meinige aufgäbe und, wie ich es manchmal ersehne, blindlings in Deine Arme überginge, mich darin verlöre –, so hieltest Du ja eben einen, der sich aufgegeben hat: nicht mich, nicht mich.«[17] Wie unersetzlich Merline für Rilke auch künftig, beide um selbstlose Liebe bemüht, blieb, zeigt sich bei seiner Suche nach einem festen Wohnsitz, wozu Rilke Merline aus Berlin zu Hilfe gerufen hatte. Mit ihr zusammen entdeckte er den alten Wohnturm Muzot im oberen Rhonetal, sie richtete ihn wohnlich und winterfest her, mit ihr zusammen lebte er dort die ersten Monate.

Auch seine erneute, intensivere Hinwendung zur französischen Sprache und Dichtung verdankte Rilke nicht zuletzt Merline, für deren Söhne er sich in Paris, wo er sich 1925 mit Merline für ein halbes Jahr aufhielt, einsetzte.

1926 illustrierte Merline Rilkes französischen Gedichtzyklus *Les Fenêtres*, der 1927 mit einer Widmung an sie erschien. Die Ausgabe der *Vergers* versah sie mit einem Porträtholzschnitt Rilkes. So wurde die Korrespondenz zwischen den beiden fachlicher, sachlicher und seltener, freilich auch bedingt durch Rilkes zunehmenden gesundheitlichen Verfall. »Bist Du so krank, daß alles Liebe in Dir gegen mich stillsteht?« fragte Merline am 16. November 1926.[18] Rilke antwortete mit einem französischen Geburtstagstelegramm und der Anrede »vous«.

Vom Sterbebett aus schrieb er ihr – »Ma chère Merline« – einen Weihnachtsbrief, sie möge nicht kommen. Als er am 2. Januar 1927 auf dem Bergfriedhof von Raron beigesetzt wurde, war Merline nicht dabei. Wie hatte Rilke in *Das Testament* geschrieben: »Alle diese Weigerungen, vergiß das nicht, Geliebte, handeln von Deiner Macht. Wär ich frei, stünde mein Herz nicht wie ein Stern gebunden in die Beziehungen des unwiderleglichen Geistes, so wäre jedes Wort, aus dem hier Auflehnung gebildet ist, Absage, Klage –, Dein Ruhm, Übergehn zu Dir, Zustimmung, Zusturm –, Untergang und Auferstehung in Dir.«[19]

8. Gottes Gebrauchsanweisung

Aber wann, *in welchem aller Leben,*
sind wir endlich offen und Empfänger?[1]

Zwischen dem 12. und 15. Februar 1922, zwischen der Vollendung der zehnten und der Entstehung der fünften *Duineser Elegie* und nach Abfassung des ersten Teils der *Sonette an Orpheus* schrieb Rilke in Muzot den fiktiven *Brief des jungen Arbeiters*.

Das Dokument beinhaltet Rilkes religiöse Standortbestimmung zu einem Zeitpunkt, da in seiner Dichtung der »Engel« als Symbol der kosmischen Gegenwart des Göttlichen durch »Orpheus«– eine Gegenfigur und Entsprechung zu Christus? – als Symbol eines gottmenschlichen Gottes abgelöst wurde und die letzte Phase der dichterischen Entwicklung Rilkes angebrochen war.

Rilkes Bedürfnis, seine religiösen Visionen und Mythen, wie er sie in den *Duineser Elegien* und den *Sonetten an Orpheus* in nicht leicht zugänglichen Bildern gestaltet hatte, nun auch noch in möglichst verständlicher Prosa darzustellen, zielte nicht nur auf Selbstvergewisserung, sondern entsprang auch Rilkes religiösem Sendungsbewußtsein gegenüber den Menschen, gerade auch den weniger gebildeten. Darum läßt er einen »Arbeiter« schreiben, doch in einer Diktion, die mehr Rilkes eigene Handschrift als die eines Proletariers ist. Dieser trägt seine religiösen Erfahrungen, seine Fragen und Probleme einem Dichter V. vor. Hinter diesem Kürzel verbirgt sich der von Rilke überaus geschätzte, 1916 verunglückte flämische Dichter Emile Verhaeren.

Am 14. Januar 1919 schrieb er über ihn an die spätere Oberin des Diakonissenhauses in Halle, Adelheid von der Marwitz: »Dieser große Dichter, der [...] die ganze Kraft und Werbung, die Menschen zu Gott werfen, auf die *Menschen* zu richten vermocht hat, zu denen er Zutrauen, Erwartung, strahlende Freude –, ja eben den Glauben eines großen gewaltigen Gläubigen zu fassen und anzuwenden wußte [...]. Ich habe in ihm, dem Großen, denjenigen verloren, der mich am eindringlichsten zu meinen Aufgaben zu ermutigen verstand, [...] er traute mir genau *das* zu, was zu leisten mir ein innerster Jubel wäre.«[2]

Wenn, wie auch einige andere christentumskritische Texte Rilkes – die *Christus-Visionen*, die Erzählung *Ewald Tragy*, die Aufzeichnung *Über den jungen Dichter* und *Das Testament* –, auch dieser *Brief des jungen Arbeiters* erst 1933 aus dem Nachlaß Rilkes veröffentlicht wurde, dann zeigt sich darin Rilkes Verantwortungsgefühl gegenüber dem religiösen Phänomen. Es lag ihm fern, sich in leichtfertiger und den Skandal suchender Manier in die Phalanx der sich auf Nietzsche berufenden Freigeister und Religionskritiker einzureihen, die gerade in jenen zwanziger Jahren Legion waren.

Er ist dieser neue Baum in Gott

Zunächst geht es Rilke um eine Korrektur und Neuinterpretation des von den Kirchen verkündeten traditionellen Christusbildes; es sei dem modernen Menschen völlig fremd: »[...] *wer* ist denn dieser Christus, der sich in alles hineinmischt. – Der nichts von uns gewußt hat, nicht von unserer Arbeit, nicht von unserer Not, nichts von unserer Freude, so wie wir sie heute leisten, durchmachen und aufbringen –, und der doch, so scheint es, immer wieder verlangt, in unserem Leben der *erste* zu sein.«

Selbst wenn Christus tatsächlich in die gegenwärtige Arbeits- und Konsumwelt einträte, es hätte keinen Sinn. »Unsere Welt ist nicht nur äußerlich eine andere, – sie hat keinen Zugang für ihn. Er *schiene* nicht durch einen fertig gekauften Rock [...]. Es ist kein Zufall, daß er in einem Kleid ohne Naht herumging, und ich glaube, der Lichtkern in ihm, das was ihn so stark scheinen machte, Tag und Nacht, ist jetzt längst aufgelöst und anders verteilt. Aber das wäre ja auch, mein ich, wenn er so groß war, das Mindeste, was wir von ihm fordern können, daß er irgendwie ohne Rest aufgegangen sei, ja ganz ohne Rest – spurlos«:[3] die Erlösung durch Christus gedeutet als restlose Mitteilung seines Lichtes an die Menschen bis zur Selbstauflösung als Voraussetzung für die Selbstfindung des Menschen.

So heißt es auch in dem letzten Terzett des ersten Teils der *Sonette an Orpheus*:

O du verlorener Gott! Du unendliche Spur!
Nur weil dich reißend zuletzt die Feindschaft verteilte,
sind wir die Hörenden jetzt und ein Mund der Natur.[4]

Ebenso fremd in der modernen Welt sei die kirchliche Kreuzespredigt. »Ich kann mir nicht vorstellen, daß das *Kreuz bleiben* sollte, das doch nur ein Kreuzweg war. Es sollte uns gewiß nicht überall aufgeprägt werden, wie ein Brandmal. In ihm selber sollte es aufgelöst sein. Denn, ist es nicht *so*: er wollte einfach den höheren Baum schaffen, an dem wir besser reifen könnten. Er, am Kreuz, ist dieser neue Baum in Gott, und wir sollten warme glückliche Früchte sein, oben daran. [. . .] Dieser Baum, scheint mir, sollte mit uns so eines geworden sein, oder wir mit ihm, *an* ihm, daß wir nicht immerfort uns mit ihm beschäftigen müßten, sondern einfach ruhig mit Gott, in den, uns reiner hinaufzuhalten, doch seine Absicht war.«[5] Hier bietet Rilke, ohne daß er es thematisiert, eine plausible Deutung des Glaubens an die Auferstehung Jesu an. Und das Symbol des »Baumes« dient dazu, eine Brücke zu schlagen zwischen Christus und Orpheus, denn das erste »Sonett an Orpheus« hebt an:

Da stieg ein Baum. O reine Übersteigung!
O Orpheus singt! O hoher Baum im Ohr!
Und alles schwieg. Doch selbst in der Verschweigung
ging neuer Anfang, Wink und Wandlung vor.[6]

Laßt uns endlich dieses Erlöstsein antreten

So meint denn auch der junge Arbeiter, man solle »nicht immer von *dem* reden, was *vorher* war, sondern, es sollte eben das *Nachher* begonnen haben«, die neue Rede über Gott und das Leben im Erlöstsein. »Wenn ich sage: Gott, so ist das eine große, nie erlernte Überzeugung in mir. Die ganze Kreatur, kommt mir vor, sagt dieses Wort, ohne Überlegung, wenn auch oft aus tiefer Nachdenklichkeit. Wenn dieser Christus uns dazu geholfen hat, es mit hellerer Stimme, voller, gültiger zu sagen, um so besser, aber laßt ihn doch endlich aus dem Spiel. Zwingt uns nicht immer zu dem Rückfall in die Mühe und

Trübsal, die es ihn gekostet hat, uns, wie ihr sagt, zu ›erlösen‹. Laßt uns endlich dieses Erlöstsein antreten.«[7]

Im dreizehnten *Orpheus*-Sonett des ersten Teils schildert Rilke dieses Erlöstsein vom unzulänglichen Sprechen über die Dinge und über Gott zugunsten des Verkostens der Früchte, die jedoch nicht frei sind von der Erinnerung an Tod und Leben:

> Voller Apfel, Birne und Banane,
> Stachelbeere . . . Alles dieses spricht
> Tod und Leben in den Mund . . . Ich ahne . . .
> Lest es einem Kind vom Angesicht,
>
> wenn es sie erschmeckt. Dies kommt von weit.
> Wird euch langsam namenlos im Munde?
> Wo sonst Worte waren, fließen Funde,
> aus dem Fruchtfleisch überrascht befreit.
>
> Wagt zu sagen, was ihr Apfel nennt.
> Diese Süße, die sich erst verdichtet,
> um, im Schmecken leise aufgerichtet,
>
> klar zu werden, wach und transparent,
> doppeldeutig, sonnig, erdig, hiesig –:
> O Erfahrung, Fühlung, Freude –, riesig![8]

Doch »statt vom Kreuzweg aus«, so heißt es weiter im *Brief des jungen Arbeiters*, »wo nun der Wegweiser hoch aufgerichtet war in die Nacht der Opferung hinein, statt von diesem Kreuzweg weiterzugehen, hat sich die Christlichkeit dort angesiedelt und behauptet, dort in Christus zu wohnen, obwohl doch in ihm kein Raum war, nicht einmal für seine Mutter, und nicht für Maria Magdalena, wie in jedem Weisenden, der eine Gebärde ist und kein Aufenthalt. – Und darum wohnen sie auch nicht in Christus, die Eigensinnigen des Herzens, die ihn immer wieder herstellen und leben von der Aufrichtung der schiefen oder völlig umgewehten Kreuze. Sie haben dieses Gedräng auf dem Gewissen, dieses Anstehen auf der überfüllten Stelle, sie tragen Schuld, daß die Wanderung nicht weitergeht in der Richtung der Kreuzarme. [...] Sie lassen sich nicht vor Eifer, das Hiesige, zu dem wir doch Lust und Vertrauen haben sollten, schlecht und wertlos zu machen, – und so liefern sie die Erde immer mehr denjenigen aus, die sich bereit finden, aus ihr, der verfehlten und verdächtigten, die doch zu Besserm nicht tauge, wenigstens einen zeitlichen, rasch ersprießlichen Vorteil zu ziehn. Diese zunehmende Ausbeutung des Lebens, ist sie nicht eine Folge, der durch die Jahrhunderte fortgesetzten Entwertung des Hiesigen? [...] sind die Städte deshalb von so viel häßlichem Kunstlicht und Lärm erfüllt, weil man den echten Glanz und den Gesang an ein später zu beziehendes Jerusalem ausgeliefert hat?«[9] Das zehnte *Orpheus*-Sonett des zweiten Teils beschreibt die dadurch entstandene bedrohliche Herrschaft der Maschine, der wir jedoch widerstehen können, wenn wir uns an den »Ursprung« halten, den Dichtung und Musik vergegenwärtigen.

> Alles Erworbne bedroht die Maschine, solange
> sie sich erdreistet, im Geist, statt im Gehorchen, zu sein.
> Daß nicht der herrlichen Hand schöneres Zögern mehr prange,
> zu dem entschlossenern Bau schneidet sie steifer den Stein.
>
> Nirgends bleibt sie zurück, daß wir ihr *ein* Mal entrönnen
> und sie in stiller Fabrik ölend sich selber gehört.
> Sie ist das Leben, – sie meint es am besten zu können,
> die mit dem gleichen Entschluß ordnet und schafft und zerstört.
>
> Aber noch ist uns das Dasein verzaubert; an hundert
> Stellen ist es noch Ursprung. Ein Spielen von reinen
> Kräften, die keiner berührt, der nicht kniet und bewundert.
>
> Worte gehen noch zart am Unsäglichen aus...
> Und die Musik, immer neu, aus den bebendsten Steinen,
> baut im unbrauchbaren Raum ihr vergöttlichtes Haus.[10]

Die Bedrohung durch die Maschine wird in dem Maße geringer, in dem es gelingt, sie »im Gehorchen« Gott und dem Menschen dienstbar zu machen. Im *Brief des jungen Arbeiters* heißt es: »Christus mochte recht haben, wenn er, in einer von abgestandenen und entlaubten Göttern erfüllten Zeit, schlecht vom Irdischen sprach, obwohl es [. . .] auf eine Kränkung Gottes hinauskommt, in dem uns hier Gewährten und Zugestandenen nicht ein, wenn wir es nur genau gebrauchen, vollkommen, bis an den Rand unserer Sinne uns Beglükkendes zu sehen! *Der rechte Gebrauch, das ists*. Das Hiesige recht in die Hand nehmen, herzlich liebevoll, erstaunend, als unser, vorläufig, Einziges: das ist zugleich, es gewöhnlich zu sagen, die große Gebrauchsanweisung Gottes, *die* meinte der heilige Franz von Assisi aufzuschreiben in seinem Lied an die Sonne, die ihm im Sterben herrlicher war als das Kreuz, das ja nur dazu da stand, in die Sonne zu *weisen.*«[11]

Nicht ist die Liebe gelernt

Gottes »Gebrauchsanweisung« ist nach Meinung des jungen Arbeiters vor allem nicht befolgt worden angesichts der geschlechtlichen Liebe, welche die Kirchen »mit einem unerträglichen Ineinander von Verachtung, Begierlichkeit und Neugier die ›sinnliche‹ nennen, hier sind wohl die schlimmsten Wirkungen jener Herabsetzung zu suchen, die das Christentum dem Irdischen meinte bereiten zu müssen. Hier ist alles Entstellung und Verdrängung, obwohl wir doch aus diesem tiefsten Ereignis hervorgehen und selber wieder in ihm die Mitte unserer Entzückungen besitzen. Es ist mir, wenn ich es sagen darf, immer unbegreiflicher, wie eine Lehre, die uns *dort* ins Unrecht setzt, wo die ganze Kreatur ihr seligstes Recht genießt, in solcher Beständigkeit sich, wenn auch nirgends bewähren, so doch weithin behaupten darf.«[12]

Das fünfte *Orpheus*-Sonett des zweiten Teils feiert im Bild der Anemone die beseligende geschlechtliche Vereinigung, aber auch ihre Gefährdung durch die männliche Gewalt, solange diese nicht zu Zärtlichkeit, Offenheit und Empfänglichkeit erzogen wird.

Blumenmuskel, der der Anemone
Wiesenmorgen nach und nach erschließt,
bis in ihren Schoß das polyphone
Licht der lauten Himmel sich ergießt,

in den stillen Blütenstern gespannter
Muskel des unendlichen Empfangs,
manchmal *so* von Fülle übermannter,
daß der Ruhewink des Untergangs

kaum vermag die weitzurückgeschnellten
Blätterränder dir zurückzugeben:
du, Entschluß und Kraft von *wie*viel Welten!

Wir, Gewaltsamen, wir währen länger.
Aber *wann*, in welchem aller Leben,
sind wir endlich offen und Empfänger?[13]

Im Folgenden – Rilke nimmt die Frage nach einem phallischen Gott wieder auf – schildert der junge Arbeiter seine Erfahrungen mit der von der christlichen Moral verteufelten sinnlichen Lust. »Warum, ich frage Sie, Herr V., wenn man uns helfen will, uns so oft Hülflosen, warum läßt man uns im Stich, dort an den Wurzeln alles Erlebens? Wer uns *dort* beistände, der könnte getrost sein, daß wir nichts weiter von ihm verlangten. Denn der Beistand, den er uns dort einflößte, wüchse von selbst mit unserem Leben und würde größer und stärker mit ihm zugleich. Und ginge nie aus. Was setzt man uns nicht ein in unser Heimlichstes? Was müssen wirs umschleichen, und geraten schließlich hinein, wie Einbrecher und Diebe, in unser eigenes schönes Geschlecht, in dem wir irren und uns stoßen und straucheln, um schließlich wie Ertappte wieder hinauszustürzen in das Zwielicht der Christlichkeit. Warum, wenn schon Schuld oder Sünde, wegen der inneren Spannung des Gemüts, mußte erfunden werden, warum heftete man sie nicht an einen anderen Teil unseres Leibes, warum ließ man sie fallen dorthin und wartete, daß sie sich auflöse in unserem reinen Brunnen und ihn vergifte und trübe? Warum hat man uns das Geschlecht heimatlos gemacht, statt das Fest unserer Zuständigkeit dort hin zu verlegen?

Gut, ich will zugeben, es soll nicht uns gehören, die wir nicht imstande sind, so unerschöpfliche Seligkeit zu verantworten und zu verwalten. Aber warum gehören wir nicht zu Gott von *dieser* Stelle aus?

Ein Kirchlicher würde mich darauf verweisen, daß es die Ehe gäbe, obwohl ihm nicht unbekannt wäre, wie es mit dieser Einrichtung bestellt ist. Es nützt auch nichts, den Willen zur Fortpflanzung in den Gnadensstrahl zu rücken –, mein Geschlecht ist nicht nur den Nachkommen zugekehrt, es ist das Geheimnis meines eigenen Lebens –, und nur weil es dort, wie es scheint, den mittleren Platz nicht einnehmen soll, haben so viele es an ihren Rand verschoben und darüber das Gleichgewicht verloren. Was hilft alles! Die entsetzliche Unwahrheit und Unsicherheit unserer Zeit hat ihren Grund in dem nicht eingestandenen Glück des Geschlechts, in dieser eigentümlich schiefen Verschuldung, die immerfort zunimmt und uns von der ganzen übrigen Natur trennt.«[14]

Das neunte *Orpheus*-Sonett des ersten Teils zieht daraus die Summe für Rilkes gelebtes Leben, in dem ihm nicht die Liebe, sondern einzig das Lied gelungen scheint.

Nicht sind die Leiden erkannt,
nicht ist die Liebe gelernt,
und was im Tod uns entfernt,

ist nicht entschleiert.
Einzig das Lied überm Land
heiligt und feiert.[15]

Bleibt im vierten Sonett des ersten Teils nur die Hoffnung auf den alles umfassenden, alles tragenden und letztlich alles Schwere hinwegnehmenden göttlichen Atem.

O ihr Zärtlichen, tretet zuweilen
in den Atem, der euch nicht meint,
laßt ihn an eueren Wangen sich teilen,
hinter euch zittert er, wieder vereint.

O ihr Seligen, o ihr Heilen,
die ihr der Anfang der Herzen scheint.
Bogen der Pfeile und Ziele von Pfeilen,
ewiger glänzt euer Lächeln verweint.

Fürchtet euch nicht zu leiden, die Schwere,
gebt sie zurück an der Erde Gewicht;
schwer sind die Berge, schwer sind die Meere.

Selbst die als Kinder ihr pflanztet, die Bäume,
wurden zu schwer längst; ihr trüget sie nicht.
Aber die Lüfte . . . aber die Räume . . . .[16]

9. Gottes Namenlosigkeit

Wer spricht von Siegen? Überstehn ist alles.[1]

Rilkes letzte Schaffensperiode, von 1922 bis 1926, stand im Zeichen wachsender Ferne zu Gott, wie er am 22. Februar 1923 an Ilse Jahr in Dresden schreibt und dabei eine kleine Geschichte seiner Gottesbeziehung entwirft: »Ich fing mit den *Dingen* an, die die eigentlichen Vertrauten meiner einsamen Kindheit gewesen sind, und es war schon viel, daß ich es, ohne fremde Hilfe, bis zu den Tieren gebracht habe... Dann aber tat sich mir Rußland auf und schenkte mir die Brüderlichkeit und das Dunkel Gottes, in dem allein Gemeinschaft ist. So *nannte* ich ihn damals auch, den über mich hereingebrochenen Gott, und lebte lange im Vorraum seines Namens, auf den Knieen... Jetzt würdest Du mich ihn kaum je nennen hören, es ist eine unbeschreibliche Diskretion zwischen uns, und wo einmal Nähe war und Durchdringung, da spannen sich neue Fernen, so wie im Atom, das die neue Wissenschaft auch als ein Weltall im Kleinen begreift. Das Faßliche entgeht, verwandelt sich, statt des Besitzes erlernt man den Bezug, und es entsteht eine Namenlosigkeit, die wieder bei Gott beginnen muß, um vollkommen und ohne Ausrede zu sein. Das Gefühlserlebnis tritt zurück hinter einer unendlichen Lust zu allem Fühlbaren..., die Eigenschaften werden Gott, dem nicht mehr Sagbaren, abgenommen, fallen zurück an die Schöpfung, an Liebe und Tod...; es ist vielleicht immer wieder nur das, was schon an gewissen Stellen im Stundenbuch sich vollzog, dieser Aufstieg Gottes aus dem atmenden Herzen, davon sich der Himmel bedeckt, und sein Niederfall als Regen. Aber jedes Bekenntnis dazu wäre schon zu viel. Mehr und mehr kommt das christliche Erlebnis außer Betracht; der uralte Gott überwiegt es unendlich. Die Anschauung, sündig zu sein und des Loskaufs zu bedürfen als Voraussetzung zu Gott, widersteht immer mehr einem Herzen, das die Erde begriffen hat. Nicht die Sündhaftigkeit und der Irrtum im Irdischen, im Gegenteil, seine reine Natur wird zum wesentlichen Bewußtsein, die Sünde ist gewiß der wunderbarste Umweg zu Gott – – –, aber warum sollten *die* auf Wanderschaft gehen, die ihn nie verlassen haben? Die starke innerlich bebende

Brücke des Mittlers hat nur Sinn, wo der Abgrund zugegeben wird zwischen Gott und uns –; aber eben dieser Abgrund ist voll vom Dunkel Gottes, und wo ihn einer erfährt, so steige er hinab und heule drin (das ist nötiger, als ihn überschreiten). Erst zu dem, dem auch der Abgrund ein Wohnort war, kehren die vorausgeschickten Himmel um, und alles tief und innig Hiesige, das die Kirche ans Jenseits veruntreut hat, kommt zurück; alle Engel entschließen sich, lobsingend zur Erde«![2] Die äußeren Lebensumstände Rilkes in diesen letzten Jahren sind im Vergleich mit seinem bisherigen Leben durch Stabilität gekennzeichnet. Im Juli 1922 war er in den Schloßturm Muzot eingezogen, seit dem Jahr in Westerwede bei Worpswede 1901/02 besaß er zum erstenmal wieder eine eigene Wohnung mit Garten in einer Landschaft, die ihm zusagte, ihn an die Provence und Spanien erinnerte und die er immer wieder besang. Dort blieb er, bis auf einen letzten Aufenthalt in Paris von Januar bis August 1925, wo er mit André Gide, Paul Valéry, Charles Du Bos und Carl J. Burckhardt zusammentraf und wo zahlreiche französische Gedichte entstanden, und kürzere und längere Klinik- und Kuraufenthalte in Val-Mont oberhalb Montreux und in Bad Ragaz, zu denen ihn sein sich verschlechternder Gesundheitszustand zwang. Am 29. Dezember 1926 starb Rilke an einer besonders bösartigen Form von Leukämie. Er wurde am 2. Januar 1927 an der Bergkirche von Raron, nicht weit von Muzot, beigesetzt. Unter seinen letzten Werken stechen hervor die Gedichte, die er an die österreichische Lyrikerin Erika Mitterer und an die russische Dichterin Marina Zwetajewa richtete und in denen er noch einmal, wenn auch nur brieflich, das Mysterium der »intransitiven Liebe« feierte.

Welche Stille um einen Gott

Auch wenn »unbeschreibliche Diskretion«, wenn »neue Fernen«, wenn »Bezug statt Besitz«, wenn »Namenlosigkeit« Rilkes Verhältnis zum Göttlichen in den letzten Lebensjahren bestimmten – die Verbindung zu Gott war nicht unterbrochen, sie hatte nur eine neue Qualität gewonnen, wie es das zwölfte im ersten Teil der *Sonette an Orpheus* beschreibt:

Heil dem Geist, der uns verbinden mag;
denn wir leben wahrhaft in Figuren.
Und mit kleinen Schritten gehn die Uhren
neben unserm eigentlichen Tag.

Ohne unsern wahren Platz zu kennen,
handeln wir aus wirklichem Bezug.
Die Antennen fühlen die Antennen,
und die leere Ferne trug...

Reine Spannung. O Musik der Kräfte!
Ist nicht durch die läßlichen Geschäfte
jede Störung von dir abgelenkt?

Selbst wenn sich der Bauer sorgt und handelt,
wo die Saat im Sommer sich verwandelt,
reicht er niemals hin. Die Erde *schenkt.*[3]

Im geschäftlichen, im bäuerlichen Alltag, im Kontakt mit der Erde fühlt der Mensch, daß er in einer geheimnisvollen Beziehung lebt, die ihm Kraft und Schwung verleiht und die Gewißheit schenkt, daß die Saat des Lebens aufgeht und wir uns verwandeln.

Voraussetzung für eine solche Erfahrung war für den späten Rilke immer zentraler das Hören. Denn »Orpheus singt«, wie es in dem ersten Sonett heißt, und die »Tiere aus Stille« sind »leise« »aus Hören«. »Brüllen, Schrei, Geröhr schien klein in ihren Herzen. [...] da schufst du ihnen Tempel im Gehör«.[4] Stille, Hören und Fühlen gehören zusammen, wenn man des Göttlichen inne werden will. Ist doch seine Melodie in den Dingen leise, ein dröhnender Glockenschlag selten, wie Rilke im Februar 1922 in Muzot dichtet:

Welche Stille um einen Gott! Wie hörst du in ihr
jeden Wechsel im Auffall des Brunnenstrahls
am weilenden Wasser des Marmorovals.
Und am Lorbeer vorüber ein Fühlen: drei oder vier

Blätter, die ein Falter gestreift hat. An dir
taumelt er hin, im tragenden Atem des Tals.
Und du gedenkst eines anderen Mals,
da sie dir schon so vollkommen schien, hier,

diese Stille um einen Gott. Ward sie nicht *mehr*?
Nimmt sie nicht zu? Nimmt sie nicht überhand?
Drängt sie nicht fast wie ein Widerstand

an dein tönendes Herz? Irgendwo bricht sich sein Schlag
an einer lautlosen Pause im Tag...
Dort ist Er.[5]

Als ahnte Rilke, daß sein Tod nahe sei, wendet er sich im Oktober 1925 mit großer Eindringlichkeit an die Götter, sie möchten sich nun doch als der »Ursprung« aller Dinge wieder bemerkbarer machen und eine »neue Seite« in ihrer Beziehung zu ihm aufschlagen, einen neuen »Anfang« schenken, die ersehnte »Auferstehung« trotz allen »Mißlingens«.

Jetzt wär es Zeit, daß Götter träten aus
bewohnten Dingen...
Und daß sie jede Wand in meinem Haus
umschlügen. Neue Seite. Nur der Wind,
den solches Blatt im Wenden würfe, reichte hin,
die Luft, wie eine Scholle, umzuschaufeln:
ein neues Atemfeld. Oh Götter, Götter!
Ihr Oftgekommnen, Schläfer in den Dingen,
die heiter aufstehn, die sich an den Brunnen,
die wir vermuten, Hals und Antlitz waschen
und die ihr Ausgeruhtsein leicht hinzutun
zu dem, was voll scheint, unserm vollen Leben.
Noch einmal sei es euer Morgen, Götter.
Wir wiederholen. Ihr allein seid Ursprung.
Die Welt steht auf mit euch, und Anfang glänzt
an allen Bruchstelln unseres Mißlingens...[6]

Spielt mit Spiegeln der Gott: Erika Mitterer

1924, zweieinhalb Jahre vor seinem Tod, kam es zwischen dem neunundvierzigjährigen Rilke und der achtzehnjährigen Wienerin Erika Mitterer, Melitta genannt, zu einem Briefwechsel in Gedichten mit elf Briefen Erikas und dreizehn Antworten Rilkes, in denen er noch einmal die Liebe feiert in der entsagungsvollen Form, die, wie er meinte, der Preis sei für seine Existenz als Dichter.

Es ist Erika, die in ihrem ersten Briefgedicht von Mai 1924 Rilkes religiös gefärbten Sprachgebrauch aufnimmt und treffend seinen Weg vom traditionellen Kirchenglauben zur »Erlösung« durch das »Leben« der Natur und der Liebe beschreibt:

Siehe, das Buch schlägt sich auf! O Du großer Erlöster,
durchs Leben Erlöster, Dir kann nichts geschehn!
Hinter Dir schlossen sich dunkelnde Klöster,
stießen hinaus Dich in blühnde Alleen.

[...]

Du warst in mir.

Rilke antwortete ihr bereits am 3. Juni und charakterisiert Erikas Initiative als imaginäres, quasi sakramentales Geschehen, das ihn gleichsam vom »Tode« auferstehen läßt, ihn »verwandelt« und »ernährt«, wohl eine Anspielung auf die katholische Meßfeier mit der Wandlung des Brotes in Christi Leib und dessen Austeilung an die Gläubigen. Auch auf die damit verbundenen Glaubenszweifel geht Rilke ein, die er jedoch nicht teilt, gibt es für ihn doch verschiedene Sphären von Wirklichkeit.

Daß Du bist genügt. Ob ich nun wäre,
laß es zwischen uns in Schwebe sein.
Wirklichkeit ist wahr in ihrer Sphäre;
schließlich schließt das ganz Imaginäre
alle Stufen der Verwandlung ein.

Wär ich auch der abgetanste Tote,
da Du mich erkanntest, war ich da;
folgend Deinem innern Aufgebote,
nahm ich leise teil an Deinem Brote:
Du ernährst mich, und ich geschah...

Soll mich nun dafür der Zweifel ätzen,
ob *Du* wirklich bist, die zu mir spricht?
Ach, wie wir das Unbekannte schätzen:
nur zu rasch, aus Gleich- und Gegensätzen,
bildet sich ein liebes Angesicht![7]

Im dritten Brief bedient sich Erika teils historisch-christlicher, teils naturmystischer Bilder, um ihre innige Verbindung und Abhängigkeit von Rilke zu feiern.

Laß mich Weihrauch sein in Deinem Dom,
laß mich Rahmen sein an Deinem Bild,
laß mich Weg sein. Du bist Ziel, bist Rom,
das auf sieben Hügeln sich erfüllt.

Du bist Stille, ich bin Klang, der ihre
schöpferische Schweigsamkeit erhöht.
Du bist Donner – ich die Angst der Tiere,
wenn der Sturm um ihre Hütte geht.[8]

Rilke war mittlerweile in der Liebe so erfahren, daß er es auch gegenüber Erika nicht unterläßt, auf die gegenseitigen Täuschungsmöglichkeiten ihrer Beziehung hinzuweisen.

Spielt mit Spiegeln der Gott?
Blenden uns jagende Scheine?
Ist dies Glänzen das Deine,
oder sein spielender Spott?

Aufglänzt dein klares Gefühl,
stürm ich wie Wind deine Türe –,

doch wenn ichs glühend berühre,
scheint es mir kühl.[9]

Doch Rilke bleibt zuversichtlich. Ihre Liebe scheint ihm so lange gesegnet, wie sie die Stunde ihres Abschieds, ihres Verzichts als gottgewollt akzeptiert.

Doch der Gott zeigt niemals zwei Gesichter
und hat nicht Gefallen am Verrat,
nur: er ist ein Bringer und Verzichter,
und sein Mund hat beides gleich bejaht.[10]

Es scheint, daß beide Liebenden nicht ihren Wünschen, sondern »dem Stern zu Willen« waren und ihre unausweichliche Trennung bejahten. Das Gedicht Rilkes vom August 1924 läßt den Frieden spüren, der daraufhin die Liebenden erfüllt.

Ich halts in ruhigen Händen und ich wäge
das schwere Gegen und das schwere Für...
Zuweilen waren Deines Herzens Schläge
fast wie ein Schlag an meiner Tür.

Nun aber scheint mir Deine Nähe stiller,
und mein Bewegtsein halt ich leise an;
denn das tut not, daß jedes Herz den Triller
in seiner eignen Nacht vollenden kann.

In seiner hohen Nacht, in seiner stillen,
die einsam war, obwohl die Nacht des Bunds.
So wird es klar: wir sind dem Stern zu Willen,
der in den beiden Nächten herrscht –, nicht uns.[11]

Erika besuchte Rilke ein einziges Mal, vom 21. bis 23. November 1925 in Muzot. Rilkes letztes Gedicht an sie stammt aus Ragaz vom 24. August 1926. Seine letzte Strophe lautet:

Über dem Nirgendssein spannt sich das Überall!
Ach der geworfene, ach der gewagte Ball,
füllt er die Hände nicht anders mit Wiederkehr:
rein um sein Heimgewicht ist er mehr.[12]

Leben und Tod: sie sind im Kerne Eins

Früh hatte Rilke begonnen, sich mit dem Tod auseinanderzusetzen. Schon in den *Larenopfern* mit Gedichten von 1893 bis 1895 finden sich Verse zum Allerseelentag. Am 5. November 1900 schreibt er darüber an Paula Becker: »Der zweite November ist der Tag von Allerseelen, den ich bis zu meinem 16. oder 17. Jahr immer, wo ich auch grade gewohnt haben mag, auf Kirchhöfen verbrachte, an fremden Gräbern oft und oft an den Gräbern von Verwandten und Vorfahren, an Gräbern, die ich mir nicht erklären konnte und über die ich nachdenken mußte in den wachsenden Winternächten. Damals kam mir wohl zuerst der Gedanke, daß jede Stunde, die wir leben, eine Sterbestunde ist für irgendwen und daß es wohl sogar mehr Sterbestunden als Stunden der Lebendigen gibt. Der Tod hat ein Zifferblatt mit unendlich viel Zahlen . . .«[13]

Acht Jahre später, am Allerseelentag 1908, schrieb Rilke dann sein »Requiem. Für eine Freundin« für Paula Becker, die ein Jahr zuvor nach der Geburt einer Tochter gestorben war, und tritt in einen Dialog mit der toten Freundin, die in Worpswede auch die Freundin seiner Frau Clara gewesen war. Er bittet darin um ihre Hilfe, daß er den richtigen Weg finde zwischen der »großen Arbeit«, dem Auftrag als Künstler, und »dem Leben« in der Liebe und Familie. Paula war daran gescheitert, weil ihr Mann Otto Modersohn von ihr ein Kind haben wollte. Auch Rilke kannte diese Versuchung und Gefahr und läßt darüber einen Engel vor Gott klagen:

Einen Engel will
ich daraus bilden ohne hinzusehn
und will ihn werfen in die erste Reihe
schreiender Engel, welche Gott erinnern.
Denn dieses Leiden dauert schon zu lang

[. . .]
Denn *das* ist Schuld, wenn irgendeines Schuld ist:
die Freiheit eines Lieben nicht vermehren
um alle Freiheit, die man in sich aufbringt.
Wir haben, wo wir lieben, ja nur dies:
einander lassen; denn daß wir uns halten,
das fällt uns leicht und ist nicht erst zu lernen.[14]

Nach diesem Plädoyer für die intransitive Liebe, für die Freiheit zum aufgetragenen, von Gott bestimmten eigenen Leben setzte sich Rilke in dem anschließend verfaßten »Requiem für Wolf Graf von Kalkreuth«, der sich das Leben genommen hatte, mit dem Problem des Freitods auseinander und verteidigte auch hier gegen die landläufige Meinung das Vorrecht der Freiheit.

Das, was geschieht, hat einen solchen Vorsprung
vor unserm Meinen, daß wirs niemals einholn
und nie erfahren, wie es wirklich aussah.
Sei nicht beschämt, wenn dich die Toten streifen,
die andern Toten, welche bis ans Ende
aushielten. (Was will Ende sagen?) –Tausche
den Blick mit ihnen, ruhig, wie es Brauch ist,
und fürchte nicht, daß unser Trauern dich
seltsam belädt, so daß du ihnen auffällst.
Die großen Worte aus den Zeiten, da
Geschehn noch sichtbar war, sind nicht für uns.
Wer spricht von Siegen? Überstehn ist alles.[15]

Für Rilke bestand wirkliches Leben immer schon aus täglichem Absterben. So lautet 1922 die letzte Strophe der achten Elegie.

Wer hat uns also umgedreht, daß wir,
was wir auch tun, in jener Haltung sind
von einem, welcher fortgeht? Wie er auf
dem letzten Hügel, der ihm ganz sein Tal
noch einmal zeigt, sich wendet, anhält, weilt –,
so leben wir und nehmen immer Abschied.[16]

Bereits das letzte Gedicht im *Buch der Bilder*, vielleicht von 1900/1901, erinnert unter der Überschrift »Schluszstück« mit einem Anflug von heiterer Gelassenheit daran, daß wir den Tod immer in uns tragen.

Der Tod ist groß.
Wir sind die Seinen
lachenden Munds.
Wenn wir uns mitten im Leben meinen,
wagt er zu weinen
mitten in uns.[17]

Zu Weihnachten 1922 ging Rilke noch einen Schritt weiter und schrieb Marguerite Masson-Ruffy als Widmung in ein Exemplar der *Aufzeichnungen des Malte Laurids Brigge* zum Andenken an ihre jungverstorbene Schwester, die Malerin Odette Ruffy:

Leben und Tod: sie sind im Kerne Eins.
Wer sich begreift aus seinem eignen Stamme,
der preßt sich selber zu dem Tropfen Weins
und wirft sich selber in die reinste Flamme.[18]

Es ist der »Tod der Geliebten«, so ein Gedicht von 1907, der den Liebenden mit dem Tod und den Toten vertraut macht und das »Drüben« als Wirklichkeit wider alles andere Wissen und Glauben »fühlen« läßt:

Er wußte nur vom Tod was alle wissen:
daß er uns nimmt und in das Stumme stößt.
Als aber sie, nicht von ihm fortgerissen,
nein, leis aus seinen Augen ausgelöst,

hinüberglitt zu unbekannten Schatten,
und als er fühlte, daß sie drüben nun
wie einen Mond ihr Mädchenlächeln hatten
und ihre Weise wohlzutun:

da wurden ihm die Toten so bekannt,
als wäre er durch sie mit einem jeden
ganz nah verwandt; er ließ die andern reden

und glaubte nicht und nannte jenes Land
das gutgelegene, das immersüße –
Und tastete es ab für ihre Füße.[19]

In Rilkes spätesten Gedichten findet sich im Zusammenhang mit dem Tod nur selten der Name Gottes – aus wachsender Ehrfurcht Rilkes vor dem Namenlosen. Statt dessen fällt als Symbol für die Hoffnung über den Tod hinaus mehrmals der »Baum« ins Auge, der schon im *Brief des jungen Arbeiters* und im ersten der *Sonette an Orpheus* als Brückenfigur zwischen Christus und Orpheus diente. In dem Gedicht mit dem Titel »Herbst« von 1924 sieht sich der durch den Tod Bedrohte mit dem »Übermaß von Himmel« konfrontiert und vor eine letzte Bewährung gestellt: sich trotz des Anscheins der himmlischen Abwehr und der eigenen Bedeutungslosigkeit hineinzuwerfen in das »Aufgetane« und »Offene« – im Vertrauen auf den Baum, der Kreuzesstamm und Lebensbaum zugleich ist und unser »Heimweh« schürt.

O hoher Baum des Schauns, der sich entlaubt:
nun heißts gewachsen sein dem Übermaße
von Himmel, das durch seine Äste bricht.
Erfüllt vom Sommer, schien er tief und dicht,
uns beinah denkend, ein vertrautes Haupt.
Nun wird sein ganzes Innere zur Straße
des Himmels. Und der Himmel kennt uns nicht.

Ein Äußerstes: daß wir wie Vogelflug
uns werfen durch das neue Aufgetane,
das uns verleugnet mit dem Recht des Raums,
der nur mit Welten umgeht. Unsres Saums
Wellen-Gefühle suchen nach Bezug
und trösten sich im Offenen als Fahne –

....

Aber ein Heimweh meint das Haupt des Baums.[20]

In Rilkes letztem Gedicht von Mitte Dezember 1926 gilt das Du dem Schmerz, als sei er die letzte Offenbarung eines unbegreiflichen Göttlichen, das der Sterbende, wenn auch widerstrebend, anerkennt und dem er sich als Brandopfer darbringt, wie einst Abraham bereit war, seinen Sohn Isaak auf dem Scheiterhaufen zu opfern (Genesis 22,1-19). Während Gott Abrahams Opferbereitschaft mit der Verheißung künftigen Lebens erwidert, vermag Rilke für sich in dieser Situation nichts mehr zu hoffen, was ihn in eine tiefe Identitätskrise stürzt. Da hilft es auch nicht, sich an das viele Einüben des Sterbens seit der Kindheit und in seinen Gedichten zu erinnern. Der jetzt zu leistende Verzicht auf das Leben selbst scheint ihm unvergleichlich.

Komm du, du letzter, den ich anerkenne,
heilloser Schmerz im leiblichen Geweb:
wie ich im Geiste brannte, sieh, ich brenne
in dir; das Holz hat lange widerstrebt,
der Flamme, die du loderst, zuzustimmen,
nun aber nähr' ich dich und brenn in dir.
Mein hiesig Mildsein wird in deinem Grimmen
ein Grimm der Hölle nicht von hier.
Ganz rein, ganz planlos frei von Zukunft stieg
ich auf des Leidens wirren Scheiterhaufen,
so sicher nirgend Künftiges zu kaufen
um dieses Herz, darin der Vorrat schwieg.
Bin ich es noch, der da unkenntlich brennt?
Erinnerungen reiß ich nicht herein.
O Leben, Leben: Draußensein.
Und ich in Lohe. Niemand der mich kennt.

[Verzicht. Das ist nicht so wie Krankheit war
einst in der Kindheit. Aufschub. Vorwand um
größer zu werden. Alles rief und raunte.
Misch nicht in dieses was dich früh erstaunte][21]

An Nanny Wunderly-Volkart hatte Rilke bereits am 12. April 1922 über den »zuckenden Feuerschein« des Schmerzes geschrieben: »[...] und deshalb ists unsere Aufgabe, den Schmerz auch nicht in unserem Bewußtsein aufzulösen; er verträgt keine Auslegung. Man muß ihn, sozusagen, auf der Stelle aufbrennen lassen, ohne irgend einen Gegenstand des Geistes oder des übrigen Lebens in seinem zukkenden Feuerschein zu betrachten. Er ist sinnvoll nur mit seiner der Natur zugekehrten Seite, auf der anderen ist er absurd, Rohmaterial, unbehauen, ohne Form und Oberfläche, unfaßlich....«[22] In Rilkes qualvollem Sterben erfüllte sich sein Gebet von 1903 aus dem dritten Teil des *Stunden-Buchs*, dem »Buch von der Armut und vom Tode«:

O Herr, gieb jedem seinen eignen Tod.
Das Sterben, das aus jenem Leben geht,
darin er Liebe hatte, Sinn und Not.[23]

Du hast mir die Hände wieder gefaltet: Marina Zwetajewa

Die letzten Monate seines Lebens begegnete Rilke zwar nur brieflich, aber deswegen nicht weniger intensiv der russischen Lyrikerin Marina Zwetajewa-Efron. 1892 in Moskau geboren, heiratete sie 1912 Sergej Efron und ging nach der russischen Revolution mit ihrer Tochter Ariadna und dem Sohn Georgij ins Exil nach Berlin, Prag und Paris. Im Sommer 1926, während ihrer Korrespondenz mit Rilke, lebte sie, von ihrem Mann getrennt, in Saint-Gilles-sur-Vie in der Vendée.

Marina war schon früh mit der deutschen Kultur bekannt geworden und wußte sich der deutschen Sprache auf originelle Weise zu bedienen. In ihren autobiographischen Aufzeichnungen von 1919 nannte Marina Deutschland »meine Leidenschaft, meine Heimat, Wiege meiner Seele« und befaßte sich mit Heine, Goethe, Hölderlin und Rilke.[24]

Den Kontakt zwischen Marina und Rilke hatte der russische Dichter Boris Pasternak hergestellt. Mit dessen Vater, dem Maler Leonid O. Pasternak, war Rilke seit seiner ersten Rußlandreise 1899 befreundet. Boris und Marina hatten ihrerseits ein enges Verhältnis zueinander. So bat er Rilke, an Marina, da sie ihn überaus verehre, einige seiner neueren Bücher zu schicken, was Rilke auch tat: die *Duineser Elegien* und die *Sonette an Orpheus*, die er ihr in einem Brief vom 3. Mai 1926 aus dem Sanatorium in Val-Mont ankündigte.

Die darauf folgende Korrespondenz umfaßt von Rilkes Seite fünf weitere Briefe sowie die »Elegie an Marina« vom 8. Juni 1926 und ein Widmungsgedicht im Französisch geschriebenen Band *Vergers*, von Marinas Seite neun Briefe und als letzte Sendung, vom 7. November 1926, eine Ansichtskarte von Bellevue bei Paris.

Die Geschichte dieser letzten intransitiven Liebe Rilkes, die durch seinen Tod endete, begann gleich mit dem ersten Brief Marinas vom 9. Mai 1926, wie Marina überhaupt die Federführung übernahm und auch behielt, was Rilke bei noch keiner Frau widerfahren war. Niemand vor ihr hatte ihn so direkt an seine priesterliche, an seine göttliche Berufung als Dichter zu erinnern gewagt; ein Beweis dafür, wie gut sie ihn verstanden hatte und auf welchem Niveau sie selbst dachte, dichtete und lebte – Rilke durchaus ebenbürtig. Von seiner Sterbenskrankheit ahnte sie allerdings nichts.

Der Brief beginnt wie mit einem Paukenschlag: »Rainer Maria Rilke! Darf ich Sie so anrufen? Sie, die verkörperte Dichtung, müssen doch wissen, daß Ihr Name allein – ein Gedicht ist. Rainer Maria, das klingt kirchlich – und kindlich – und ritterlich. [. . .] Ihre Taufe war der Prolog zum ganzen Ihnen, und der Priester, der Sie taufte, wußte wahrlich nicht, was er tat.«

Für Marina ist Rilke die leibhaftige göttliche Inspiration, »die Dichtung selbst, oder (noch zu wenig) das, woraus die Dichtung entsteht und das größer ist als sie (Sie). Es handelt sich nicht um den Mensch-Rilke (Mensch: das, wozu wir gezwungen sind!), um den Geist-Rilke, der noch größer ist als der Dichter und der eigentlich für mich Rilke heißt – Rilke von übermorgen.« Für Marina setzt Rilke das Werk des schöpferischen Gottes fort: »Sie geben den Worten ihren *ersten* Sinn, und den Dingen – ihre *ersten* Worte (Werte).«

Der folgende Satz trifft Rilke, der Rußland nicht zuletzt wegen seiner tiefen Religiosität liebte, ins Herz: »Sie werden mich immer als Russin fühlen, ich – Sie – als rein-menschliche (göttliche) Erscheinung.« Deshalb sei er von unwiderstehlicher Wirkung: »Ihre Bücher erwarte ich wie ein Gewitter, das – ob ich will oder nicht – kommen wird. Fast wie eine Operation des Herzens (keine Metaphore: jedes Gedicht ((Deines)) schneidet ins Herz und schnitzt es nach *seinem* Wissen – ob ich will oder nicht.) Nichts wollen!« Und dann das Geständnis wie ein Glaubensbekenntnis: »Weißt Du, warum ich Dir Du sage und Dich liebe und – – und – – und – – weil Du eine *Kraft* bist. Das seltenste.«[25]

Rilke reagierte umgehend und ausführlich am 10. Mai und in dem von Marina angeschlagenen Ton mystischer Verbundenheit: »[...] heute, im ewigen Heut des Geistes, heut, Marina, empfing ich Dich in meinem Gemüt, in meinem ganzen Bewußtsein, das erbebt von Dir, von Deinem Kommen, als wär Dein großer Mit-Leser, der Ozean, mit Dir, Herzflut, über mich hereingebrochen. *Was* Dir sagen? Du hast mir die Hände, gebend abwechselnd und wieder gefaltet, hast mir Deine Hände, Marina, ins Herz gehalten, wie ins Becken eines fließenden Brunnens: nun geht zu Dir, solang Du sie drinnen hältst, die verdrängte Strömung über... Laß Dir's gefallen.«

Und Rilke gesteht ihr ihre Ebenbürtigkeit, sogar Überlegenheit: »Dichterin, fühlst Du, wie Du mich überwältigt hast [...]. Und mir wieder war, als hätte aus Dir die Natur mir zugestimmt, ein ganzer jasagender Garten um einen Brunnen, um was noch?, um eine Sonnen-Uhr. Wie Du mich überwächst und überwehst mit dem hohen Phlox Deines Wortsommers.«

Rilkes Bestätigung durch Marina ist für den sterbenskranken Dichter ein um so größeres Labsal, als sie ahnungslos erfolgt. Denn Marina nimmt Rilkes wirklichen Zustand nicht wahr – der Preis für ihre ekstatische, das Körperliche hintanstellende Liebe zu dem »Geist-Rilke«. Dabei schildert ihr Rilke bereits in diesem Brief sein durch die Krankheit – sie wurde erst später als Leukämie erkannt – bedingtes prekäres Verhältnis zu seinem Körper, das auch seine Dichtung beeinträchtigt. »Aber, sagst Du, es handelt sich nicht um den Mensch-Rilke: auch *ich* bin zerworfen mit ihm, mit seinem Körper, mit dem sonst immer so reine Verständigung möglich gewesen war, daß ich oft nicht wußte, *wer* glücklicher dichtet: er, ich, wir beide? [...] Und nun Zwie-tracht, doppelte Tracht, Seele anders gekleidet, Körper vermummt, anders. Seit Dezember schon in diesem Sanatorium, aber den Arzt nicht ganz einlassend in das einzige Verhältnis von Sich zu Sich, das keinen Mittler verträgt.«[26] Schon am 12. Mai, noch vor der Ankunft des obigen Briefes, geht Marinas zweiter Brief an Rilke ab. Mehr noch als im ersten und in den folgenden sieben Briefen geht es um die Gottesfrage. Marina beginnt mit einer kühnen Behauptung über den zweiten und dritten Teil von Rilkes

Stunden-Buch: »[...] mit Deinem Buch [...] von Armut, Pilgerschaft und Tod hast Du mehr für Gott gemacht als alle Philosophen und Prediger zusammen.«

Warum? Weil Rilke darin die Gottunmittelbarkeit des Menschen wie kein Dichter vor ihm rühmt. Hatte er den Arzt als Mittler zwischen Geist und Körper noch widerwillig akzeptiert, so verbat er sich für seine Sterbestunde jeglichen priesterlichen Beistand. Ohne Rilkes Einstellung hierzu zu kennen, bestätigt Marina ihn in seiner Haltung: »Priester sind nur Störer zwischen mir und Gott (Göttern). Du, Du bist der Freund, der die Freude (ob Freude?) einer großen Stunde zwischen zweien (den ewigen Beiden!) *tieft* und höht, ohne den man den andern nicht mehr fühlt und den man, wie man's schließlich machen muß, *einzig liebt.*«[27]

Wie sehr Rilkes Zeugnis seiner Gottunmittelbarkeit bei Marina die Freude an Gott und die Liebe zu ihm geweckt hatte, gestand sie später, am 22. Januar 1929, der tschechischen Schriftstellerin und Übersetzerin Anna Teskova: »Im Priester sehe ich immer eine Rechtsanmaßung. Wer hat ihn denn über mich gestellt? (Zwischen Gott und mich, zwischen alles und mich). Er ist ein Vermittler, aber ich bin unmittelbar. Ich brauche solche wie R[ilke], wie Sie, wie Pasternak: In Gott, aber irgendwie ohne Gott, ohne dieses Wort Gott, ohne diese Wand (zwischen mir und den Menschen) – Gott.«[28] Marina sieht, so fährt sie in ihrem Brief vom 12. Mai 1926 fort, in Rilke Jesus und Johannes in einer Person, mit dem Unterschied, daß er deren gegenseitige Liebe direkt auf Gott-Vater richtet und so keiner Mittlerschaft bedarf – eine Offenbarung über das Verhältnis des Menschen zu Gott, neu selbst für Gott, der für Rilke ein Werdender ist. So stammelt denn Marina: »Du allein hast Gott etwas Neues gesagt. Du bist das ausgesprochene Johanni-Jesus-Verhältnis (unausgesprochen beiderseits). Doch – Unterschied – Du bist des Vaters Liebling, nicht des Sohnes, Du bist Gott-Vaters (der keinen hatte!) Johannes. Du hast (Auserwählung – Wahl!) den Vater gewählt, weil er *einsamer* war und – unmöglich zu lieben! [...] Die Welt war viel zu jung. Es hat *alles* sich ereignen müssen – daß Du kommst. Du hast es gewagt, den unmenschlichen (*durch*-göttlichen) Gott-Vater *so* zu lieben (zu sagen!), wie der Johannes den durch-menschlichen Sohn es nie gewagt hat! Johannes liebte den Sohn mit den Armen (sich ewig [vor] seiner

Liebe in Jesu Brust verbergend), mit den Augen, mit den Taten. [Du liebst Gott-Vater mit dem] Wort – heroïca der Liebe, die immer stumm (rein tätig) sein will.«[29]

Marina, von Rilkes einsamer Größe überzeugt, polemisiert deshalb gegen alle Versuche, Rilke mit den bekannten Klischees zu belegen und ihn so »zerstückelt« begreiflicher zu machen. »›Rilke ist leicht zu fassen‹ – so sagen in ihrem eingeweihten Stolze die Anthroposophen und andere mystische Sektanten (hab ja nichts dagegen, besser als Sozialismus – jedoch...) ›Leicht zu fassen.‹ Zerstückelt, stückweise: Rilke-Romantiker, Rilke-Mystiker, Rilke-Mythen-griech[isch]e, usw. usw. Doch versucht euch an dem *ganzen* Rilke. Hier kann euer ganzes Hellsehen nichts. Ein Wunder braucht kein Hellsehen. Es ist da. Von jedem Bauern – mit Augen – gesehen, bestätigt. Wunder: unantastbar: unfaßbar.«[30]

Begreiflicherweise geht Rilke in der folgenden Korrespondenz, in der sich die Liebenden ausführlich über ihre schwierigen Lebenswege austauschen, auf Marinas Apotheose seines Dichterlebens nicht näher ein. Doch wird ihm Marinas Interpretation seiner Religiosität zu denken gegeben haben.

Unmißverständlich macht er ihr jedoch in seinem dritten Brief vom 17. Mai, als sie auf eine Begegnung drängt, klar, daß er sein Leben unwiderruflich der Einsamkeit geweiht habe, getreu seiner Devise von der intransitiven Liebe: »[...] so allein, wie ich immer gelebt habe, ja noch mehr: in einer oft unheimlichen Steigerung dessen, was Alleinsein heißt, in einer zum Letzten und Äußersten hingerissenen Einsamkeit (: denn früher, Alleinsein in Paris, in Rom, in Venedig [...], in Spanien, in Tunis, in Algier, in Ägypten, ... in der eindringlichen Provence ..., war doch Teilhaben, Einbezogen- und Einerzogen-Sein): Muzot aber, anfordernder als alles, ließ nur die Leistung zu, den Absprung, senkrecht ins Offene, die Himmelfahrt der ganzen Erde in mir... Liebe, was muß ich Dir sagen, da Du die ›Elegien‹ in Händen hast, da Du die ›Elegien‹ in *Deinen* Händen hast und über Deinem mitwissend an sie anschlagenden Herzen...«[31]

Am 31. Dezember 1926 teilt Marina Boris Pasternak mit, Rilke sei gestorben. »Das Datum weiß ich nicht – etwa vor drei Tagen. [...] Sein letzter Brief an mich (vom 6. September) endete mit dem Ausruf: ›Im Frühling? Mir ist lang. Eher! Eher!‹ (Wir sprachen von einem

Treffen). Auf die Antwort habe ich nicht geantwortet, danach schon aus Bellevue [vom 7. November], mein Brief [Ansichtskarte] an ihn – eine Zeile: ›Rainer, was ist? Rainer, liebst du mich noch?‹«[32] Nach Marina Zwetajewas Rückkehr 1939 in die Sowjetunion wurden ihr Mann und ihre Tochter verhaftet. Sie selbst wurde 1941 nach Kriegsausbruch mit der Gruppe des Literaturfonds von Moskau nach Jelabuga an der Kama evakuiert. Am 26. August 1941 bat sie den Sowjet des Literaturfonds, sie »als Tellerwäscherin in der zu eröffnenden Kantine des Litfond anzustellen«. Fünf Tage später, am 31. August, schrieb sie an ihren Sohn Georgij: »Verzeih mir, doch weiterzumachen wäre schlimmer. *Ich bin schwer krank*, das bin nicht mehr ich. Ich liebe Dich wahnsinnig. Versteh, daß ich nicht mehr leben kann. Sag Papa und Alja, wenn Du sie siehst, daß ich sie bis zur letzten Minute geliebt habe, und erklär ihnen, daß ich *in eine Sackgasse geraten bin*. Mama.« Dann wählte sie den Freitod durch Erhängen. Ihr Grab auf dem Friedhof von Jelabuga existiert nicht mehr. Ihr Mann wurde im Oktober 1941 in Orjol erschossen. Ihre Tochter Ariadna verbrachte 16 Jahre in Lagerhaft und Verbannung.[33]

Rilkes »Elegie an Marina Zwetajewa-Efron« von 1926 beginnt mit dem beschwörenden und tröstenden Anruf:

> O die Verluste ins All, Marina, die stürzenden Sterne!
> Wir vermehren es nicht, wohin wir uns werfen, zu welchem
> Sterne hinzu! Im Ganzen ist immer schon alles gezählt.
> So auch, wer fällt, vermindert die heilige Zahl nicht.
> Jeder verzichtende Sturz stürzt in den Ursprung und heilt.[34]

Statt eines Nachworts

Am 2. Oktober 1899, nach seiner ersten Rußlandreise, schrieb Rilke in Berlin-Schmargendorf den ersten Teil des *Stunden-Buchs* unter dem Titel »Die Gebete«. In der Druckfassung von 1905 trägt dieser Teil den Titel »Vom mönchischen Leben«. Darin findet sich das folgende Gedicht, in dem Rilke sich – in der Mitte seines Lebens – als Gottsucher bekennt:

Die Dichter haben dich verstreut
(es ging ein Sturm durch alles Stammeln),
ich aber will dich wieder sammeln
in dem Gefäß, das dich erfreut.

Ich wanderte in vielem Winde;
da triebst du tausendmal darin.
Ich bringe alles was ich finde:
als Becher brauchte dich der Blinde,
sehr tief verbarg dich das Gesinde,
der Bettler aber hielt dich hin;
und manchmal war bei einem Kinde
ein großes Stück von deinem Sinn.

Du siehst, daß ich ein Sucher bin.

Einer, der hinter seinen Händen
verborgen geht und wie ein Hirt;
(mögst du den Blick der ihn beirrt,
den Blick der Fremden von ihm wenden).
Einer der träumt, dich zu vollenden
und: daß er sich vollenden wird.[1]

Anmerkungen

Die in den Anmerkungen genannten Kurztitel beziehen sich auf das Literaturverzeichnis.

Motto und Vorwort

1 Rilke 1973, 30
2 Stahl I, S. 21; vgl. auch Betz
3 Habermas
4 Rilke 1996b, 249
5 Rilke 1996a, I, 157

1. Kinderfrömmigkeit und ihre Folgen

1 Rilke 1996a, I, 189
2 Sieber 72
3 Rilke/Andreas-Salomé 146
4 Sieber 48 f.
5 Rilke 1986, 103
6 Freedman II, 453
7 Koenig 97
8 Sieber 70
9 Koenig 74
10 Sieber 63 f.
11 Sieber 71
12 Rilke 1996a, I, 85 f.
13 Rilke 1996b, 48
14 Rilke 1996a, I, 93 f.
15 Ebenda I, 95
16 Ebenda II, 444; vgl. Exner
17 Ebenda II, 25
18 Koenig 85
19 Rilke 1996a, I, 208
20 Schnack I, 237
21 Sieber 69
22 Rilke 1996a, II, 244
23 Ebenda III, 260
24 Ebenda I, 206 f.
25 Ebenda IV, 734
26 Rilke 1996b, 68 f.
27 Rilke 1996a I, 67
28 Ebenda III, 137, 141
29 Ebenda I, 13 f.
30 Ebenda III, 531 f.
31 Ebenda I, 11
32 Ebenda I, 636
33 Rilke/Thurn und Taxis I, 8 f.
34 Rilke 1973, 56
35 Rilke/Andreas-Salomé 304
36 Ebenda 416 f.
37 Schnack II, 999
38 Rilke 1996a, IV, 116 f.
39 Ebenda I, 72
40 Ebenda III, 420
41 Ebenda I, 473 f.
42 Ebenda II, 212
43 Rilke/Andreas-Salomé 228
44 Ebenda 240
45 Engel 166 f.
46 Schnack I, 395
47 Rilke/Andreas-Salomé 252 f.
48 Engel 167
49 Rilke/Andreas-Salomé 353
50 Rilke 1996a, II, 186

2. Traditionelle Gottesbeweise und moderne Gotteserfahrung

1 Rilke 1996a, I, 111
2 Sieber 162-164
3 Rilke 2003, 164 f.
4 Sieber 165 f.
5 Schnack I, 16 f.
6 Rilke 1996a, IV, 743
7 Sieber 98-101
8 Rilke 1996a, I, 111
9 Ebenda I, 213
10 Ebenda I, 41
11 Ebenda III, 39 ff.
12 Ebenda IV, 666 f.
13 Ebenda II, 18
14 Ebenda II, 423
15 Ebenda II, 318
16 Ebenda I, 239
17 Schnack I, 331
18 Rilke 1996a, I, 437
19 Ebenda I, 107
20 Ebenda I, 106
21 Ebenda IV, 121 f.
22 Ebenda IV, 125 f.
23 Ebenda I, 436
24 Ebenda IV, 126 f.
25 Ebenda I, 71

3. Das Ringen um die Christusbilder

1 Rilke 1986, 753
2 Rilke 1996a, III, 48-52
3 Ebenda III, 809
4 Nietzsche Werke, IV, 77 f.
5 Ebenda VI, 270 f.
6 Rilke 1996a, I, 130 f.
7 Ebenda I, 244 f.
8 Ebenda III, 505
9 Ebenda III, 602 f.
10 Ebenda III, 1003
11 Ebenda IV, 56-60
12 Nietzsche Werke VI, 133
13 Rilke 1996a, IV, 737 f.
14 Rilke 1986, 750
15 Ebenda 725
16 Ebenda 729
17 Ebenda 730 f.
18 Ebenda 735 f.
19 Ebenda 741 f.
20 Ebenda 745
21 Ebenda 748 ff.
22 Ebenda 751 ff.
23 Rilke/Andreas-Salomé 7 f.
24 Nietzsche Briefe VI, 259
25 Nietzsche Werke IV, 92
26 Andreas-Salomé 1885, 21, 28
27 Andreas-Salomé 1894, 85 f.
28 Andreas-Salomé 1896, 347, 351
29 Nietzsche Werke VI, 207 f.
30 Ebenda VI, 211
31 Rilke 1986, 757 f.
32 Ebenda 758 ff.
33 Ebenda 762 f.
34 Schnack I, 80
35 Rilke/Andreas-Salomé 290
36 Andreas-Salomé 1922a, 87 ff.
37 Andreas-Salomé 1922b, 46
38 Rilke/Andreas-Salomé 463 f.
39 Rilke 1996a, III, 623
40 Schnack I, 21
41 Ebenda I, 34
42 Rilke 1986, 779
43 Rilke/Andreas-Salomé 17 f.
44 Andreas-Salomé 1951, 173
45 Rilke 1986, 786
46 Rilke 1996a, I, 768 f.
47 Ebenda I, 207
48 Decker 90

4. Die Vollendung Gottes durch den Menschen

1 Rilke 1996a, I, 170
2 Asadowski 24, 97 ff.
3 Rilke 1973, 17
4 Ebenda 30
5 Rilke 1996a, I, 725
6 Ebenda I, 157 f.
7 Ebenda III, 400 f.
8 Ebenda I, 162
9 Ebenda IV, 154
10 Ebenda I, 158
11 Ebenda I, 159
12 Ebenda
13 Ebenda I, 177
14 Ebenda I, 176
15 Ebenda III, 391 ff.
16 Ebenda I, 169 f.
17 Ebenda IV, 532 f.
18 Ebenda III, 358
19 Ebenda III, 369
20 Ebenda III, 384
21 Ebenda I, 170
22 Ebenda IV, 161 f.
23 Ebenda III, 490 f.

5. Das Göttliche in den Menschen, Dingen, Bildern

1 Rilke 1996a, I, 284
2 Ebenda
3 Ebenda IV, 521-526
4 Ebenda I, 357
5 Ebenda I, 264 f.
6 Ebenda I, 332 f.
7 Ebenda II, 205 f.
8 Ebenda IV, 457
9 Ebenda IV, 455
10 Ebenda IV, 497-500
11 Ebenda IV, 500 f.
12 Ebenda IV, 499
13 Ebenda I, 481
14 Ebenda I, 902
15 Ebenda I, 579
16 Rilke 1973, 259
17 Rilke 1996a, II, 243
18 Ebenda II, 394
19 Ebenda IV, 505 f.
20 Ebenda III, 629
21 Ebenda III, 618
22 Ebenda III, 628
23 Ebenda III, 629, 631
24 Ebenda III, 633, 635

6. Die Weltreligionen und das Christentum

1 Rilke 1996a, I, 583
2 Ebenda II, 43
3 Ebenda II, 691
4 Rilke 2000, 29
5 Rilke 1996a, II, 232
6 Schnack I, 316
7 Rilke/Kippenberg I, 350
8 Rilke/Thurn und Taxis I, 226-229
9 Rilke 1996a, II, 42 f.
10 Kuschel 73
11 Rilke 1996a, I, 582 f.
12 Rilke/Thurn und Taxis I, 240, 243, 245 f.
13 Rilke 1996b, 255 f.
14 Storck 39
15 Rilke 1996a, IV, 518
16 Rilke 1996b, 266
17 Rilke 1996a, I, 34
18 Storck 55

7. Die Liebe und der phallische Gott

1 Rilke 1996a, II, 403
2 Rilke 2000, 49 ff.
3 Rilke/Andreas-Salomé 322
4 Rilke 1996a, II, 133
5 Ebenda II, 99
6 Ebenda II, 503
7 Rilke/Andreas-Salomé 336 f.
8 Rilke 1996a, II, 101 f.
9 Ebenda II, 136 f.
10 Rilke 1996b, 273
11 Rilke/Andreas-Salomé 476 ff.
12 Rilke 1996a, II, 403
13 Freedman II, 352
14 Ebenda II, 332
15 Rilke 1996a, IV, 713 f.
16 Freedman II, 353
17 Rilke 1996a, IV, 733 f.
18 Freedman II, 483
19 Rilke 1996a, IV, 722

8. Gottes Gebrauchsanweisung

1 Rilke 1996a, II, 259
2 Ebenda IV, 1061
3 Ebenda IV, 735 f.
4 Ebenda II, 253
5 Ebenda IV, 736
6 Ebenda II, 241
7 Ebenda IV, 736
8 Ebenda II, 247
9 Ebenda IV, 737 f.
10 Ebenda II, 261 f.
11 Ebenda IV, 738
12 Ebenda IV, 744
13 Ebenda II, 259
14 Ebenda IV, 744 ff.
15 Ebenda II, 250
16 Ebenda II, 242

9. Gottes Namenlosigkeit

1 Rilke 1996a, I, 426
2 Rilke 1996b, 271 f.
3 Rilke 1996a, II, 246
4 Ebenda II, 241
5 Ebenda II, 281
6 Ebenda II, 394
7 Ebenda II, 327 ff.
8 Ebenda II, 333
9 Ebenda II, 336
10 Ebenda II, 340
11 Ebenda II, 354
12 Ebenda II, 362
13 Ebenda I, 639 f.
14 Ebenda I, 419 f.
15 Ebenda I, 426
16 Ebenda II, 226
17 Ebenda I, 347
18 Ebenda II, 286
19 Ebenda I, 517
20 Ebenda II, 387
21 Ebenda II, 412
22 Ebenda II, 872
23 Ebenda I, 236
24 Zwetajewa 541
25 Asadowski 379-382
26 Ebenda 385-387
27 Ebenda 388
28 Ebenda 596
29 Ebenda
30 Ebenda 389
31 Ebenda 397 f.
32 Ebenda 426
33 Zwetajewa 518, 592
34 Rilke 1996a, II, 405

Statt eines Nachworts

1 Rilke 1996a, I, 189

Literaturverzeichnis

Andreas-Salomé 1885	Andreas-Salomé, Lou (Pseudonym Henri Lou), *Im Kampf um Gott*, Leipzig/Berlin 1885
Andreas-Salomé 1894	Andreas-Salomé, Lou, *Nietzsche in seinen Werken*, Wien 1894
Andreas-Salomé 1896	Andreas-Salomé, Lou, »Jesus der Jude«, in: *Neue Deutsche Rundschau* 7 (1896), S. 342-351
Andreas-Salomé 1922a	Andreas-Salomé, Lou, *Die Stunde ohne Gott und andere Kindergeschichten*, Jena 1922
Andreas-Salomé 1922b	Andreas-Salomé, Lou, *Der Teufel und seine Großmutter*, Jena 1922
Andreas-Salomé 1951	Andreas-Salomé, Lou, *Lebensrückblick*. Herausgegeben von Ernst Pfeiffer, Zürich/Frankfurt am Main 1951
Asadowski	Asadowski, Konstantin (Hg.), *Rilke und Rußland*. Briefe, Erinnerungen, Gedichte, Frankfurt am Main 1986
Betz	Betz, Otto: »›Wir dürfen dich nicht eigenmächtig malen.‹ Über die Religiosität Rainer Maria Rilkes«, in: *Geist und Leben*, Juli 1999, S. 273-290
Decker	Decker, Gunnar, *Rilkes Frauen oder die Erfindung der Liebe*, Leipzig 2004
Engel	Engel, Manfred (Hg.), *Rilke-Handbuch*. Leben, Werk, Wirkung, Stuttgart 2004
Exner	Exner, Richard, *Rainer Maria Rilke*. Das Marien-Leben, Frankfurt am Main 1999
Freedman	Freedman, Ralph, *Rainer Maria Rilke*. Band 1: Der junge Dichter (1875-1906). Band 2: Der Meister (1906-1926), Frankfurt am Main und Leipzig 2001/2002
Habermas	Habermas, Jürgen, *Zwischen Naturalismus und Religion*, Frankfurt am Main 2005
Heiner	Heiner, Johannes, »Rainer Maria Rilke als Mystiker«, in: Peter Lengsfeld (Hg.): *Mystik – Spiritualität der Zukunft*, Freiburg im Breisgau 2005, S. 390-404
Koenig	Koenig, Hertha, *Erinnerungen an Rainer Maria Rilke*. Rilkes Mutter. Herausgegeben von Joachim W. Storck, Frankfurt am Main und Leipzig 2000
Kuschel	Kuschel, Karl-Josef, »›Gott von Mohammed her fühlen‹. Rilkes Islam-Erfahrung und ihre Bedeutung für den religionstheologischen Diskurs der Zukunft«, in: *Blätter der Rilke-Gesellschaft* 24 (2002), S. 67-94
Nietzsche Werke	Nietzsche, Friedrich, *Sämtliche Werke*. Kritische Studienausgabe in 15 Bänden. Herausgegeben von Giorgio Colli und Mazzino Montinari, München 1988

Nietzsche Briefe Nietzsche, Friedrich, *Sämtliche Briefe*. Kritische Studienausgabe in 8 Bänden. Herausgegeben von Giorgio Colli und Mazzino Montinari, München 1986

Rilke 1973 Rilke, Rainer Maria, *Tagebücher aus der Frühzeit*. Herausgegeben von Ruth Sieber-Rilke und Carl Sieber, Frankfurt am Main 1973

Rilke 1986 Rilke, Rainer Maria, *Die Gedichte*, Frankfurt am Main 1986

Rilke 1990 Rilke, Rainer Maria, *Briefe an Schweizer Freunde*. Eine Auswahl. Herausgegeben von Rätus Luck, Frankfurt am Main und Leipzig 1990

Rilke 1996a Rilke, Rainer Maria, *Werke*. Kommentierte Ausgabe in vier Bänden. Herausgegeben von Manfred Engel, Ulrich Fülleborn, Horst Nalewski, August Stahl, Frankfurt am Main und Leipzig 1996

Rilke 1996b Rilke, Rainer Maria, *Mitten im Lesen schreib ich Dir*. Ausgewählte Briefe. Herausgegeben von Rätus Luck, Frankfurt am Main 1996

Rilke 2000 Rilke, Rainer Maria, *Briefwechsel mit Magda von Hattingberg*. »Benvenuta«. Herausgegeben von Ingeborg Schnack und Renate Scharffenberg, Frankfurt am Main und Leipzig 2000

Rilke 2003 Rilke, Rainer Maria, *»Sieh dir die Liebenden an«*. Briefe an Valerie von David-Rhonfeld. Herausgegeben von Renate Scharffenberg und August Stahl, Frankfurt am Main und Leipzig 2003

Rilke/Andreas-Salomé Rainer Maria Rilke und Lou Andreas-Salomé, *Briefwechsel* 1897-1926. Herausgegeben von Ernst Pfeiffer, Frankfurt am Main 1975

Rilke/Kippenberg Rainer Maria Rilke und Anton Kippenberg, Briefwechsel. Herausgegeben von Ingeborg Schnack und Renate Scharffenberg, 2 Bände, Frankfurt am Main 1995

Rilke/Thurn und Taxis Rainer Maria Rilke und Marie von Thurn und Taxis, *Briefwechsel*. Herausgegeben von Ernst Zinn, 2 Bände, Zürich und Frankfurt am Main 1951

Schnack Schnack, Ingeborg, *Rainer Maria Rilke*. Chronik seines Lebens und seines Werkes, 2 Bände, Frankfurt am Main 1975

Sieber Sieber, Carl, *René Rilke*. Die Jugend Rainer Maria Rilkes, Leipzig o. J. [1932]

Stahl Stahl, August, *Rilke Kommentar*, 2 Bände, München 1978/79

Storck Storck, Joachim W., »Judentum und Islam in der Sicht Rainer Maria Rilkes«. In: *Rilke heute*. Der Ort des Dichters in der Moderne, Frankfurt am Main 1997, S. 37-78

Zwetajewa Zwetajewa, Marina, *Im Feuer geschrieben*. Ein Leben in Briefen. Herausgegeben und aus dem Russischen übersetzt von Ilma Rakusa, Frankfurt am Main 1996